PODER JUDICIÁRIO
FLAGRANTES INSTITUCIONAIS

F126p Fabrício, Adroaldo Furtado
Poder Judiciário: flagrantes institucionais / Adroaldo
Furtado Fabrício. — Porto Alegre: Livraria do Advogado, 1997.
222 p.; 14x21 cm.

ISBN 85-7348-051-3

1. Poder Judiciário. I. Título.

CDU 347.97

Índice para catálogo sistemático
Poder Judiciário

(Bibliotecária responsável: Marta Roberto, CRB 10/652)

Adroaldo Furtado Fabrício

PODER JUDICIÁRIO
Flagrantes institucionais

livraria
DO ADVOGADO
editora

Porto Alegre 1997

© Adroaldo Furtado Fabrício, 1997

Capa
Lídia Fabrício

Projeto gráfico e diagramação de
Livraria do Advogado / Valmor Bortoloti

Revisão de
Rosane Marques Borba

Direitos desta edição reservados por
Livraria do Advogado Ltda.
Rua Riachuelo, 1338
90010-273 Porto Alegre RS
Fone/fax: (051) 225 3311
E-mail: liv_adv@portoweb.com.br
Internet: http://www.liv-advogado.com.br

Impresso no Brasil / Printed in Brazil

*À honrada e altiva
Magistratura do
Rio Grande do Sul,
por todos os motivos.*

A honrada e altiva
Magistratura do
Rio Grande do Sul
por todos os motivos.

Sumário

Apresentação 9

Artigos
O Juiz e o Poder 13
Judiciário e democracia 16
Estabilidade e reformismo 19
A regra do jogo 21
A Constituinte que não tivemos 24
Justiça e pluralismo 26
Ainda: Justiça e pluralismo 28
O inimigo público 31
O novo juízo arbitral 33
Precatórios: a razão 35
Precatórios: a perversão 37
Tudo bem 39
Não há marajás no Judiciário 42
Têmis é mulher 45
Justiça, substantivo feminino 47
A quebra da Previdência 49
Advocacia e pequenas causas 51
Os donos da verdade 55
Uma advertência do FMI 57
Onde começa a independência 59
A lição da crise 62
O papel civilizador do jurista 64

Palestras e conferências

Autonomia e controle do Poder Judiciário 69
Descentralização do Poder Judiciário: uma proposta 80
Reforma do Judiciário: a exacerbação do centralismo 87
A Reforma Constitucional e o Poder Judiciário 95
O novo Juízo Arbitral como alternativa à jurisdição 106
O juiz do Século XXI 121
As novas necessidades do Processo Civil e os poderes do Juiz . 127

Discursos

Credo 141
Discurso de posse na Presidência do Tribunal de Justiça . . . 144
Para que triunfe o homem 154
A crise ética 161
Sàudação à primeira Desembargadora 164

Entrevistas

Juizados Especiais e propostas de reforma do Poder Judiciário . 171
Autonomia orçamentária e qualidade do serviço da Justiça . 176
Plano de ação da Presidência 180
O Colégio de Presidentes e a Magistratura Nacional 185
É hora de enfrentar o autoritarismo 189
Projeto administrativo para 1997 195
A questão dos precatórios 199
Constitutinte: uma oportunidade perdida 203
"Não admito interferência no meu Poder" 208
A qualidade no Poder Judiciário 213

Apêndice

Carta de Macapá 221

Apresentação

A insistência de muitos e caros amigos levou-me à organização desta pequena coletânea, reunindo manifestações de vária ordem sobre temas de candente interesse institucional do Poder Judiciário em geral e muito particularmente da Magistratura do Rio Grande do Sul. Dada a diversidade de fontes, inspirações e momentos, não é de se esperar uma unidade e continuidade de pensamento, mas o fio condutor é um só: a busca permanente da afirmação da instituição judiciária, a defesa de sua autonomia e independência, a luta incessante pela preservação de suas prerrogativas. Convenci-me de que mesmo aqueles textos referentes a uma situação momentânea e transitória mereceriam um registro que lhes assegurasse maior permanência, porque o seu conjunto desenha um trecho da história judiciária e das vicissitudes em que se exerce a jurisdição no Rio Grande e no Brasil. O material coletado abrange variadas formas de divulgação, desde artigos publicados na imprensa até conferências pronunciadas em diversas oportunidades, passando por discursos proferidos ao longo de uma já longa atividade de magistrado e de professor. Cronologicamente, corresponde, em sua grande maioria, ao período de exercício da Presidência do Tribunal de Justiça do Rio Grande do Sul, mas inclui também matérias produzidas em tempos mais remotos. O critério de seleção foi sempre o do interesse institucional das diferentes manifestações, no sentido de sua pertinência à temática eleita e de sua utilidade para a compreensão de uma das eras mais duras e inquietantes da democracia brasileira. Em seções distintas, figuram artigos, conferências e discursos, seguindo-se, em apêndice, um documento do Colégio Permanente de Presidentes de Tribunais de Justiça do Brasil. Este último, embora não me pertença pessoalmente, tem sua inclusão plenamente justificada pela afinação com as idéias expostas nos demais textos e por ser também da mesma autoria. Alguns dos temas tratados poderiam, à primeira vista, parecer deslocados no contexto, por contemplarem um plano mais geral da vida institucional brasileira do tempo em que foram elaborados. Entretanto, todos eles, sem exceção, guardam estreito vínculo com a avaliação das condições em que atua o Poder Judiciário no Brasil e registram momentos importantes para a compreensão de sua atividade e de suas dificuldades.

Penso estar assim contribuindo para a preservação, em forma organizada e de fácil consulta, de dados e informações que, independentemente de sua maior ou menor importância intrínseca, podem ser significativos para a fixação de uma época na história do Poder Judiciário do Rio Grande do Sul. Época de turbulências e dificuldades de toda ordem, que representou para todos os exercentes da jurisdição um permanente desafio e um momento de particular aspereza do sempre ingrato ofício de julgar. Esta coletânea é, sobretudo, um testemunho de meu permanente encanto e um tributo de gratidão e reconhecimento à Magistratura do meu Estado, exemplo constante e inigualado de desprendimento, espírito público e capacidade de superação e de sacrifício. A ela pertence este livro, e a oferenda que o abre só faz confirmar uma anotação de Jorge Luis Borges, o poeta da perspicácia: só se pode dar a alguém aquilo que, em verdade, já é de quem o recebe.

Porto Alegre, julho de 1997.

Artigos

O Juiz e o Poder*

O Juiz não é o Poder Judiciário.

O Poder, exercido pelos Juízes, cada um deles nos limites que a lei lhe fixa, não se incorpora à pessoa nem ao patrimônio individual do Juiz. O poder-dever de dizer o Direito é exterior à pessoa do Juiz e não se confunde com a individualidade de cada um dos membros do Poder. Não se trata de uma *encarnação*, mas de uma *investidura*.

Sendo um indivíduo da espécie humana, o Juiz, com o ser Juiz, não deixa de ser um homem, uma pessoa, um cidadão. Abstraindo-se do singular Poder que lhe foi cometido, por trás deste se há de ver uma pessoa, portanto um *jurisdicionado*, no sentido de indivíduo submetido ao poder jurisdicional. O Poder é atributo do Estado, não do Juiz. Sendo também jurisdicionado, o homem-juiz não se pode subtrair à atuação do Poder. O fato de estar investido ele próprio de jurisdição não o torna imune à jurisdição.

Porque singularmente relevante a investidura, mas a bem dos jurisdicionados, e não dele próprio, o Juiz desfruta de tratamento diferenciado, inclusive quando em relação a ele devam atuar outros órgãos jurisdicionais. Mas, ainda aí, não se trata de uma deferência à pessoa do Juiz: cuida-se, sim, da preservação da integridade, independência e dignidade do Poder.

---

* Publicado pela primeira vez no jornal "Zero Hora", em 29 de junho de 1984.

Porque são seres humanos, os juízes podem apresentar variados comportamentos, condutas diversas, segundo o temperamento, formação e idiossincrasias de cada qual. Até a jurisdição pode ressentir-se, obra humana que é, de certa desuniformidade decorrente dessas variações individuais. Mas os objetivos e inspirações do Poder são constantes e imutáveis, ainda que seus instrumentos e modos de atuação busquem contínua adaptação às necessidades ditadas pela evolução social. Quando o Poder retira a algum dos seus membros, transitória ou definitivamente, a investidura, sobra o homem, o jurisdicionado. O ato do Poder, nesse, como em qualquer outro caso, pode ser questionado, mas a ele não se pode oferecer resistência legítima. Quem por ele é atingido ou com ele se conforma ou recorre pelas vias que a lei lhe põe ao dispor - mas submete-se-lhe, em qualquer hipótese. Nem mesmo o caso do recurso dotado de efeito suspensivo é verdadeira exceção, porque recorrer é também submeter-se.

Tais e tantas são as diversidades que pode um Juiz, ocasionalmente, inclinar-se à busca deliberada da notoriedade e da aprovação das massas. Esse é um tipo de comportamento mais condizente com outras esferas de atividade - igualmente dignas e respeitáveis, por certo - mas não se exclui que o Juiz o adote por inclinação pessoal ou para acudir a íntimas necessidades de afirmação.

O Juiz, não o Poder. Este não poderia agir assim, mesmo que o desejasse. Não apenas por recato e modéstia (embora também por isso), mas sobretudo porque o cortejar a Imprensa e o procurar popularidade são, inevitavelmente, oportunidades de submeter-se a pressões e de abdicar da independência. O Poder não é indiferente às mutações sociais; ao contrário, ausculta-as, acompanha-as e a elas se adapta continuamente, mas com a impessoalidade e a cautela de uma Instituição, sem os passionalismos e arroubos a que o indivíduo nem sempre pode se furtar.

O Juiz erra: é homem, sujeito às debilidades e contingências da condição humana. O Poder, obra do homem, há de errar também, mas errará provavelmente menos, mercê da impessoalidade, do acúmulo de experiência e da visão mais ampla e global da realidade. Os Juízes são substituíveis. A instituição que eles integram é imprescindível à sobrevivência da sociedade organizada.

Judiciário e democracia*

A cada dia se faz mais claro o desenho de um processo, em pleno andamento, de submeter os parlamentos e desvalorizar a atuação dos tribunais. As casas legislativas já se acham em grande medida esvaziadas de suas funções específicas e de sua importância política na esfera federal e em muitos Estados. Suas mais importantes atribuições são diuturnamente usurpadas ou abandonadas, e sua capacidade de reação política à subordinação parece progressivamente desgastada. O poder, como o mundo físico, abomina o vácuo; se alguém deixa de ocupar com denodo, zelo e competência os espaços que lhe cabem, outrem certamente os invadirá.

O Judiciário resiste e teima em exercitar, como as suas outras atribuições, a precípua função de controle e de salvaguarda do primado da lei. Insiste em que os programas de governo é que se têm de subordinar à ordem constitucional vigente, ao invés de se ajustar esta aos interesses momentâneos e contingentes de um dado projeto político. Essa resistência tem-lhe custado o desfavor dos poderosos da hora e dos muitos beneficiários do desmonte do Estado. As decisões judiciais são vistas como empeilhos aos objetivos da decantada "modernidade"; à magistratura apõe-se a pecha de retrógrada e de infensa à cooperação para o progresso. E a penaliza-

---

* Publicado pela primeira vez no jornal "Zero Hora", em 26 de fevereiro de 1997.

ção que se lhe impõe é a mais mesquinha de todas, a de ordem econômica: negações na liberação de verbas orçamentárias, sonegação das mínimas condições de trabalho, relutância no cumprimento das sentenças, tratamento remuneratório humilhante – tudo a traduzir um olímpico desprezo pela garantia constitucional da independência dos Poderes.

É contra esse estado de coisas que os juízes hoje se levantam em mobilização nacional, para exigir respeito, tratamento compatível com a condição de membros de um Poder, cabal e rigoroso cumprimento de todos os julgados. Para essa causa, pedem o indispensável apoio da comunidade jurisdicionada, abrindo-se a ela para a ampla discussão dos problemas e necessidades da Instituição. Estão conscientes de que o juiz do nosso tempo já não pode ser aquele encastelado e distante, mas um juiz presente e participativo em constante interação com o corpo social a que deve servir.

Os juízes do Brasil estão hoje mobilizados para denunciar à sociedade as péssimas condições em que desempenham seu mister. Mas também e principalmente para assegurar aos jurisdicionados que não faltarão à sua missão nem desertarão de seus compromissos; que o Poder Judiciário não é privatizável nem substituível, não está à venda, não aceita conchavos e não pratica o "é dando que se recebe". Para garantir à Nação que continuará sendo uma fronteira de resistência, ainda que talvez a última, oposta à expansão avassaladora do arbítrio; continuará a ser o refúgio do cidadão acuado e a pedra no caminho da prepotência. Se a opção da sociedade é pelo Estado de Direito, sua preservação é nossa missão primeira e indeclinável – como, de resto, deveria ser a de qualquer outra esfera de poder – e, para sua realização, continuaremos a exigir, com o vigor e desassombro necessários, que nos sejam assegurados os indispensáveis meios, porque magistratura submissa e dependente é a negação da democracia, a falência da

República e a insegurança da cidadania. Há, sem dúvida, outras opções possíveis, mas a Nação tem memória suficiente para recordar o que elas lhe doeram na carne e na alma.

$\mathcal{E}$stabilidade e reformismo*

No momento, sob a Constituição que, bem ou mal, está feita, o que nos incumbe, a nós, dirigentes, juízes e intérpretes, é cumpri-la. (Pontes de Miranda)

É vezo de nossos governantes o de tentar adaptar a Constituição e as leis a seus projetos, em vez de ajustar seus planos ao quadro normativo que eles juraram cumprir. No momento, essa ânsia reformadora alcança um verdadeiro paroxismo. Em nome de nebulosos conceitos de governabilidade e modernidade, quer-se fazer campo raso de todas as conquistas consolidadas na Carta Federal, resultado de um longo e penoso processo de elaboração histórica, e não do acaso.

Não há negar demasias em que o constituinte possa ter incorrido; nem se pense em negar a reformabilidade da Constituição, que ela mesma consagra. Mas é preciso respeitar as cláusulas pétreas e discutir amplamente com a sociedade as inovações propostas, para que os equívocos acaso cometidos não sejam substituídos por outros, quiçá mais graves. A convicção dos poderosos da hora e as doutrinas em voga, como a do "Estado mínimo", talvez não correspondam às aspirações e necessidades do povo. O fracasso da revisão prevista no

---

* Publicado pela primeira vez no jornal "Correio do Povo", em 6 de abril de 1996.

próprio texto adverte para a possibilidade de não estar a Nação interessada em mudanças radicais.

Que se reforme e modernize, sim, a Carta Magna, ajustando-a a um novo cenário de necessidades do convívio social, depurando o texto de algum excesso inspirado pelo clima de descompressão política em que ele foi elaborado e abrindo espaço à expressão de anseios reais da população, acaso despercebidos ou incorretamente captados em 1988. Mas que se mantenha escrupuloso respeito à intangibilidade do pacto fundamental e se ausculte com cuidado e discuta à exaustão, em todos os níveis e por todos os meios, o que a sociedade realmente deseja e precisa.

Não há de ser atropelando a autonomia dos Poderes, desfederalizando a República e confundindo conveniências de momento com a vontade nacional que se há de chegar a bom resultado. Tal caminho compromete a estabilidade jurídica e política da União, sem a qual a estabilidade econômica é ilusória.

$\mathcal{A}$ regra do jogo*

Até mesmo para duas ou três crianças jogarem amarelinha (ou cinco-marias, ou bola de gude), é imprescindível a existência de um mínimo de regras a cujo respeito elas se hajam posto previamente de acordo. Do mesmo modo que a circulação de mais de um veículo no mesmo sistema viário supõe haver-se estabelecido antes que trafegarão pelo lado direito ou pelo esquerdo da via. À medida que o jogo se faz mais complicado, ou cresce o número de jogadores, ou as variáveis do sistema aumentam, as regras se vão tornando mais numerosas, detalhadas e complexas. Chega o momento em que se torna necessário criar uma ordem de regras sobre as próprias regras, determinando em que medida, quando e sob quais condições elas podem ser alteradas, suprimidas, interpretadas ou até desobedecidas.

Todo sistema de regras primárias ou sobre-regras só se torna efetivo e tem utilidade prática se houver um mínimo de certeza quanto à sua aplicação. Como é da natureza humana subtrair-se à incidência das normas para daí tirar-se proveito próprio, é imperiosa a instituição de mecanismos de controle aos quais se possa pedir socorro no caso de que algum dos participantes do jogo tente trapacear ou reformular a regra enquanto a partida se desenvolve. O jogador ameaçado de esbulho recorre à

---

* Publicado pela primeira vez no jornal "Zero Hora", em 18 de junho de 1996.

autoridade do pai, da mãe ou do irmão mais velho para assegurar a observância da norma.

Elevadas essas noções elementares ao grau enorme de complexidade de um conjunto social organizado como Estado, o sistema normativo só funcionará satisfatoriamente se este mesmo Estado, ele próprio formulador das regras, submeter-se àquelas que lhe digam respeito, inclusive quanto ao momento, forma e condições das eventuais alterações introduzíveis no sistema. Daí resulta toda a complicada mas indispensável estrutura escalonada de normas hierarquizadas, da Constituição, no topo, à simples ordem de serviço, na base. A noção de Estado de Direito baseia-se no pressuposto de que *todos* os sujeitos (indivíduos, grupos e entidades, inclusive estatais) submetem-se a *todas* as regras, primárias ou não, que lhes digam respeito.

Sempre que se edita uma nova disposição normativa, cabe indagar de sua conformidade com o sistema preexistente, e sobretudo de sua compatibilidade com as normas de maior hierarquia (por exemplo, a da lei com a Constituição). A própria Constituição, como Lei das Leis, costuma dispor sobre o modo de exercer-se tal controle de compatibilidade. Se a regra nova afronta outra, anterior, de hierarquia superior, pode e deve ser declarada inoperante e retirada do mundo jurídico. No sistema constitucional brasileiro, esse controle é atribuído ao Poder Judiciário, mediante a denominada ação direta de inconstitucionalidade. Se o contraste a ser estabelecido é entre a lei e a Constituição Federal, dita ação pertence à competência do Supremo Tribunal Federal; se a hipótese é de ofensa à Constituição Estadual, ela deve ser proposta ante o Tribunal de Justiça do Estado-membro em cujo âmbito a lei foi elaborada.

A preservação da ordem jurídica como um todo é a razão de ser desse controle jurisdicional de constitucionalidade. Em regra, o efeito pretendido – cessação da eficácia da lei inconstitucional – só se produz a partir da

---

22   ADROALDO FURTADO FABRÍCIO

sentença que declara a inconstitucionalidade. Mas, nessa matéria como em muitas outras, o sistema jurídico contempla a possibilidade de que, por obra da natural demora entre o ajuizamento do pedido e a emissão da sentença, o provimento judicial venha a cair no vazio, por ser impossível ou extremamente difícil recompor a situação de fato existente ao tempo em que se iniciou a tramitação do processo. Em tal conjuntura, acha-se o Judiciário autorizado a antecipar a eficácia da sentença, em caráter provisório, para que não se frustre a utilidade prática da providência jurisdicional.

Qualquer interessado em qualquer processo judicial, considerando-se de algum modo prejudicado em seu interesse, dispõe de mecanismos de impugnação que o sistema lhe coloca à disposição, em regra consistindo em um recurso para alguma outra instância superior àquela onde a decisão foi proferida. No Brasil, a quantidade desses recursos tem sido criticada por excessiva, nunca por exígua.

Está ínsita na cultura cívica mais elementar e na primária noção de cidadania a idéia de que das decisões jurisdicionais só cabe recorrer, se cabível, ou submeter-se, quando nenhum recurso couber. Contestar por qualquer outro meio o julgado ou recusar-lhe cumprimento denuncia incultura política, rejeição do conceito de democracia e inadequação ideológica à noção de Estado de Direito. Pode-se, por certo, pensar em outras formas de conceber o Estado e a organização social, nas quais se prescinda dessa idéia de conformidade às normas previamente estabelecidas e se admita a onipotência do Príncipe no estabelecer as regras segundo a conveniência do momento para reger fatos já ocorridos. São conhecidos os exemplos históricos, remotos e recentes. Mas, no Estado de Direito, as normas só se podem voltar para o futuro e só têm eficácia na rigorosa medida de sua conformidade à Constituição.

Essa é a regra do jogo.

$\mathcal{A}$ Constituinte que não tivemos[*]

Um ilustre parlamentar gaúcho levantou recentemente a idéia de reconstitucionalizar o País: ao invés de emendar e remendar indefinidamente a Constituição, ao sabor dos ventos e impulsos do momento, reescrevê-la por inteiro, a partir da convocação de uma Constituinte. Por mais inviável que pareça a proposta do ponto de vista político, mereceria pelo menos uma oportunidade de reflexão mais demorada e profunda.

Com efeito, parece instaurado o consenso quanto à inadequação da Carta de 1988 às necessidades e aspirações nacionais. Esse, pelo menos, é o sentimento que perpassa a doutrina neo(ultra)liberal em voga. Não é menor, de resto, a inconformidade dos setores que diuturnamente constatam a inviabilidade prática de algumas das suas propostas mais avançadas. Tal realidade anima o surgimento ou ressurreição de propostas revisionistas (inclusive aquelas rejeitadas pelo Congresso em 1993), freqüentemente inspiradas em interesses momentâneos, meramente setoriais, despudoradamente corporativistas ou assustadoramente casuísticos.

Sonhar não custa nada. Talvez se possa renovar a oportunidade perdida em 1988: a de convocar uma *verdadeira* Assembléia Constituinte, liberta dos condicionamentos imediatistas e despreocupada de seu próprio futuro político; uma Assembléia cujo horizonte não se

---

[*] Publicado pela primeira vez no jornal "Zero Hora", em 24 de outubro de 1996.

alargasse para além do cumprimento do seu nobre mister e por isso não projetasse para o futuro qualquer ambição ou expectativa de seus integrantes. Uma Constituinte destituída de poder legiferante ordinário e infensa às contingências que o submetem. Uma Constituinte exclusiva. Sem os liames que atam o Congresso às conveniências eleitorais e partidárias, possibilita-se uma visão de mais largo espectro e de mais longo prazo da problemática nacional e, portanto, a busca de soluções segundo a ótica do estadista, de preferência àquela do político. Enseja-se, outrossim, a formação de um colegiado mais representativo das aspirações nacionais, no qual possam atuar ou influir também os segmentos da sociedade por qualquer motivo infensos à militância político-partidária.

Uma Assembléia assim reacenderia a esperança de opções mais consistentes e duradouras quanto a sistema de governo, estrutura fundamental do Estado, limites entre o público e o privado, federação verdadeira, responsabilidade dos agentes políticos. Daria ensejo à restauração da autêntica representatividade parlamentar, eliminadas as colossais distorções herdadas da ditadura. Poderia abrir campo a um modelo institucional de feitio brasileiro e vocação permanente, imune à tentação totalitária. E seria, sobretudo, o caminho único possível para afastar o absurdo de obrigar a parcela mais produtiva e evoluída do País a subvencionar, na outra, a perpetuação da mais desumana distribuição de renda e do mais cruel desnivelamento social do Planeta.

PODER JUDICIÁRIO
FLAGRANTES INSTITUCIONAIS

Justiça e pluralismo[*]

Têm alguma razão os que manifestam inquietação e perplexidade diante da quantidade e variedade das liminares judiciais concedidas e denegadas com pertinência ao discutido leilão da Vale do Rio Doce. Com efeito, não é fácil para o leigo compreender pronunciamentos tão numerosos e divergentes. O episódio talvez esteja a confirmar a necessidade de uma disciplina mais precisa e cuidadosa da delimitação de competências entre os diversos órgãos da Justiça Federal – problema, aliás, cuja solução não depende do Poder Judiciário, mas do Legislativo.

Nenhuma razão, por outro lado, assiste aos que acusam a Justiça de intromissão indevida em assuntos que não lhe dizem respeito. Tal opinião revela ignorância palmar das regras e princípios constitucionais que asseguram a autonomia dos Poderes. Na vigente sistemática constitucional brasileira, nenhuma lesão a direito, ainda que hipotética ou meramente alegada, pode ser subtraída ao exame judicial, qualquer que seja a importância do assunto ou o grau de interesse que nele tenham as demais esferas de poder. Não há nem pode haver temas proibidos ao debate judiciário e ao crivo jurisdicional.

A freqüente alegação de que os juízes não dispõem de suficiente informação sobre assuntos de alta complexidade técnica, nem revelam disposição para facilitar as

---

[*] Publicado pela primeira vez no jornal "Zero Hora", em 6 de maio de 1997.

iniciativas e projetos governamentais, é a exteriorização mais eloqüente dessa ignorância. As informações, cabe aos interessados fornecê-las. E não pertence ao universo de atribuições do Poder Judiciário o favorecer ou dificultar a concretização de metas ou propostas de governo; compete-lhe, isto sim, aquilatar da conformidade das ações do Poder Público às normas constitucionais e legais.

O vezo de pretender que o quadro institucional preexistente se ajuste aos programas de governo, ao invés de se adequarem estes à legislação vigente, é indício preocupante de sobrevivência da mentalidade totalitária, infensa ao contraditório, ao debate e à transparência. A sugestão de se manter fora do alcance da controvérsia judicial determinadas matérias, como assuntos-tabu só acessíveis a uma tecnocracia iniciada e onisciente, trai a nostalgia do autoritarismo dos anos de eclipse, quando o Estado se colocava fora do alcance da jurisdição e acima do Direito.

De resto, a variedade de soluções jurisdicionais para questões semelhantes – ainda que possa indicar, do ponto de vista técnico-processual, uma disfunção a ser corrigida – deve também ser identificada, em perspectiva sociológica, como saudável e bem-vinda manifestação de pluralismo ideológico, de tolerância para com a divergência e de amplitude das oportunidades para a manifestação de idéias contrastantes. É a livre circulação das idéias e o largo exercício da cidadania a refletir-se também na esfera jurisdicional.

A democracia não se alimenta de consensos e unanimidades, mas do entrechoque de opiniões, da convivência dos contrários e da livre expressão dos pensamentos, concordantes ou não. Ainda que tudo estivesse a correr perfeitamente no melhor dos mundos possíveis – e sabemos que não está – seria imprescindível que alguém discordasse e fizesse ouvir sua inconformidade, porque só assim se preserva o ideal democrático e se foge ao canto de sereia da tentação totalitária.

PODER JUDICIÁRIO
FLAGRANTES INSTITUCIONAIS

Ainda: Justiça e pluralismo*

Um dos vezos favoritos da "modernidade" vigente é o de atribuir ao Poder Judiciário de nossos dias uma condenável inclinação a intrometer-se em assuntos que não lhe dizem respeito, perturbando o exercício da função legislativa e, sobretudo, o bom andamento dos projetos de governo a cargo do Executivo. Por não aderir ao culto do *laissez-faire*, ressuscitado no pensamento econômico-político hodierno, estaria a Justiça a embaraçar a conquista dos apregoados objetivos de agilidade e modernização da máquina pública e principalmente de redução de seu tamanho.

Posta de lado a cabível discussão quanto ao acerto da "doutrina do Estado mínimo", cabe assinalar, como insistentemente temos feito, que nada pode ser estranho ao alcance da jurisdição. Desde que provocado a propósito de qualquer conflito de interesses juridicamente relevante, o Judiciário pode e deve manifestar-se sobre ele. Se o dissídio diz com os limites da atuação governamental e com o deslinde das fronteiras entre o interesse do governo e aquele dos indivíduos e dos grupos, com o eterno conflito entre autoridade e liberdade, essa não é uma razão para que se afaste a intervenção judicial. Bem ao contrário, é nessa hipótese que ela assume o seu papel politicamente mais importante e indispensável, pois é aí, mais do que em qualquer outra situação, que se

---

* Publicado pela primeira vez no jornal "Zero Hora", em 23 de maio de 1997.

põe em relevo a missão maior do Judiciário, de guarda das liberdades públicas, de fiador das franquias constitucionais e de protetor das prerrogativas da cidadania. O Estado, como o particular, pode o que o Direito lhe permite, nada mais; aos tribunais cabe velar pelo respeito a esse limite.

A pretensão de afastar a intervenção judicial denota escassa compreensão do sistema constitucional vigente, que proíbe suprimir-se ao controle jurisdicional qualquer espécie de lesão a direito. Mas denuncia, também e principalmente, o baixo grau de absorção do postulado onde se situa o âmago da *praxis* democrática: o trânsito livre das opiniões e dos seus entrechoques em todos os níveis e em todas as instâncias da convivência nacional, governamentais ou não. Como em qualquer outra sede, é fundamental para a sobrevivência do ideal democrático que também ao debate judiciário se admitam todos os temas e todas as divergências. A tese da reserva de espaço exclusivo, da intangibilidade das deliberações *interna corporis* e da supremacia dos juízos políticos de conveniência é um dos mais típicos frutos da mentalidade totalitária, que por via dela busca forrar-se ao eficiente e legítimo controle dos usos e abusos do poder, só assegurado pela atuação de um Judiciário independente e livre.

Assim é em qualquer sociedade democraticamente estruturada sobre a tripartição, a autonomia e a interdependência harmônica dos poderes do Estado. Assim é, mais do que nunca e com redobrada razão, nos lugares e momentos em que, por qualquer motivo, os espaços políticos preferenciais do debate e do entrechoque das correntes do pensamento nacional tendem a estreitar-se, estrangulando o livre curso das idéias e a análise cabal das divergências. Quando a propaganda maciça anestesia a sociedade e padroniza a opinião pública. Quando a imprensa, cooptada por variados meios, só repercute a verdade orquestrada pelo oficialismo. Quando os parlamentares abdicam do seu papel e os parlamentos da sua grandeza, olhos postos nas benesses, lícitas ou não, pecuniárias inclusive, que as boas graças do trono lhes podem proporcionar. Em tal quadro, não é de estranhar que a cena judiciária, mais do que em circunstâncias normais, sirva de espaço alternativo à controvérsia que em suas sedes naturais não teve suficiente ensejo de manifestar-se.

O inimigo público[*]

Vem-se difundindo com insistência uma idéia simplificadora e arbitrária: a atividade governamental é um mal e só o privado é bom. A privatização de tudo é apresentada como um ideal, o do "Estado mínimo". A grande vítima dessa estranha doutrina, também totalitária a seu modo, veio a ser o funcionário público. Por todas os males da Nação ele é o responsável; seu desempenho é ruim e insuficiente; seu número é excessivo; consome sem proveito uma quantia gigantesca de dinheiro – é ele o vilão maior da tragédia nacional. Daí que se faz necessário caçá-lo como a um inimigo, reduzir-lhe os estipêndios, estigmatizá-lo como agente da desgraça geral, reduzir-lhe a quantidade, induzi-lo à demissão a todo custo, suprimi-lo se possível. A classe do servidor público é ferreteada indiscriminadamente como corja de vadios e aproveitadores do erário. Aos supostos privilégios corporativos do funcionalismo – não aos do banqueiro desonesto, do contribuinte sonegador, do político mendaz, do empreiteiro corruptor ou do administrador inepto – são debitadas todas as mazelas. A reforma que se prega não é a do serviço público, mas contra o servidor público.

Ele é hoje um homem envergonhado de seu ofício e de sua condição. Qualquer que seja sua qualificação e a importância de seu contributo para o bem comum,

---

[*] Publicado pela primeira vez no jornal "Zero Hora", em 4 de maio de 1996.

tantas vezes inestimável, nenhum orgulho lhe resta do que é, faz e produz. Vilipendiado diuturnamente, mal se atreve a respirar: submete-se a salários de fome e não se anima a protestar contra a supressão de suas garantias e direitos, quanto menos a reivindicar qualquer melhoria, sequer a mais modesta e justa. Um clima de verdadeiro terrorismo oficial, apoiado pelos segmentos mais retrógrados do empresariado, mantém-no silente, humilhado e temeroso, disposto a aceitar até mesmo o calote de sua remuneração a partir da alegação de insolvência do Estado, velha como a Sé de Braga. É hora de perguntar se isso é bom para o Estado. Se o exército pode operar sem tropas. Se a desmotivação, o estímulo à aposentadoria o quanto antes, o descrédito público e o achincalhe não acabarão por resultar em mal maior do que os porventura detectados no serviço público e tão escandalosamente alardeados. Se os melhores servidores não estarão sendo expulsos. Se o serviço público não estará sendo reduzido à condição de lixeira do mercado de trabalho, onde só permaneçam ou ingressem os absolutamente desqualificados para a competição em qualquer outra área.

Apontam-se os critérios e práticas do setor privado como parâmetro ótimo. Pois seja. Jamais se viu uma empresa expor o seu quadro funcional à execração popular ou adotar a maledicência e a difamação sistemática como política habitual no relacionamento com seus empregados.

O novo juízo arbitral*

Ao elenco das velhas novidades em matéria jurídica (como a relativização da presunção de estupro baseada na idade da ofendida, velha de 50 anos, ou a configuração de homicídio doloso em acidente de trânsito, de que há exemplos trintenários), acrescenta-se agora a arbitragem regulada na Lei nº 9.307, de 23.09.96. Na verdade, trata-se de instituto integrado ao Direito nacional desde sempre. Mas o novo texto legal incorpora inovações importantes: de um lado, a convenção arbitral adquire força coercitiva, de tal sorte que nenhum dos interessados pode furtar-se à instituição do juízo arbitral pelo qual hajam optado; de outra banda, a sentença arbitral (novo nome do antigo laudo) independe de homologação judicial para equiparar-se em autoridade ao julgado propriamente dito, emanado do Poder Judiciário. Este só poderá ser chamado a pronunciar-se sobre a obrigatoriedade da própria convenção ou a regularidade formal da sentença dos árbitros.

Como é de geral conhecimento, o juízo arbitral não pertence aos hábitos e à cultura jurídica nacionais. Em regra, se as partes desavindas não logram chegar a um consenso sobre o próprio objeto do litígio, dificilmente conseguem entender-se quanto à opção pela arbitragem e à escolha de um árbitro. Por isso assume importância especial a atribuição de força imperativa à velha cláusu-

---

* Publicado pela primeira vez no jornal "Zero Hora", em 10 de outubro de 1996.

la compromissória, celebrada antes do litígio, quando tudo ainda se passa no plano contratual e nenhum dissídio lavra entre os envolvidos.

Outro avanço significativo é a introdução de uma grande flexibilidade no procedimento, sobre o qual podem dispor as partes e eventualmente os árbitros, além de permitir-se sua definição por instituições que venham a manter quadro de árbitros ou por empresas voltadas ao mesmo fim. Em contraste, a legislação anterior prescrevia um rito processual quase tão complexo e minudente quanto o do processo jurisdicional ordinário. A simplificação procedimental, a par da dispensa de homologação, pode tornar a arbitragem mais atrativa para as partes e mais apta a realizar seus objetivos.

Entretanto, os embaraços maiores ao emprego dessa forma alternativa de dirimir conflitos não se prendem às limitações ou inconveniências de ordem legal, em boa parte afastadas pela nova lei. O óbice mais sério – repita-se – é cultural, ligado à ausência de tradição histórica, ao escasso conhecimento do instituto e ao reduzido emprego que se tem feito dele. Faz-se mister um esforço de divulgação e conscientização, sobretudo nas classes empresariais – usuárias preferenciais da arbitragem, segundo a experiência no Direito Comparado.

Precatórios: a razão *

Quando um particular é condenado em Juízo a pagar a outro particular determinada quantia em dinheiro (por exemplo, a título de indenização de danos causados em acidente de trânsito) e não cumpre espontaneamente o julgado, o credor dispõe de processo de execução para compeli-lo ao pagamento. Esse processo inclui a chamada penhora: invade-se o patrimônio do devedor e dali se retira algum bem que, levado à venda pública, converter-se-á em dinheiro com o qual será satisfeito o crédito resultante da sentença.

Se, entretanto, o condenado for um ente público (União, Estado, Município etc.), essa modalidade de execução é impossível por duas razões. Primeiro, porque nenhuma despesa podem fazer tais entes sem que esteja previamente contemplada na lei orçamentária. Depois, porque os bens públicos são impenhoráveis. Em razão disso, a lei criou forma especial de execução mediante ordem expedida pelo Tribunal competente à entidade devedora para que pague – o famoso precatório. As emitidas até julho de cada ano devem ser obrigatoriamente incluídas no orçamento do ano seguinte, no curso do qual também obrigatoriamente (ao menos em teoria) serão satisfeitas.

Os pagamentos são feitos com recursos ordinários do Tesouro e na rigorosa ordem de apresentação dos

---

* Publicado pela primeira vez no jornal "Correio do Povo" de 25 de junho de 1997.

PODER JUDICIÁRIO
FLAGRANTES INSTITUCIONAIS

precatórios à instituição devedora. Não é o Poder Judiciário que efetua tais pagamentos: o Tesouro deposita em conta bancária os valores incluídos no orçamento, à disposição do Tribunal, que expede os alvarás de liberação para os credores, observando aquela ordem. Estes recebem diretamente seus créditos junto ao banco depositário.

O sistema, que não é o ideal, mas é o vigente, admite demora de pelo menos um ano e meio entre o trânsito em julgado da sentença e o efetivo pagamento: seis meses para a inclusão no orçamento e um ano para a realização do pagamento. Na prática, essa delonga costuma ser maior, por embaraços burocráticos e sobretudo porque o Poder Público – entre nós, o inadimplente por excelência – simplesmente não efetua o depósito a que está obrigado, mesmo que incluído o precatório no orçamento e esgotado o ano de sua vigência.

Precatórios: a perversão[*]

O povo se pergunta, com perplexidade compreensível, como e por que um instrumento legal destinado à satisfação das condenações judiciais impostas aos entes estatais converteu-se em fonte de recursos ilícitos, não apenas para administradores públicos, mas também para particulares.

Tudo começou com a histórica e crônica inadimplência dessas entidades. Embora o débito de precatórios seja o mais líquido e mais certo que se possa imaginar, por verificado em minucioso e completo exame judicial, sob a garantia do contraditório e dos recursos processuais, o poder público nunca se dispôs a honrá-lo em dia. Como o volume desses débitos em atraso assumia, em alguns Estados e Municípios, proporções assustadoras, um poderoso *lobby* impôs aos congressistas-constituintes de 1988 uma "disposição transitória" que representava a oficialização do calote: todo o passivo dessa natureza poderia ser dividido em oito parcelas anuais, a serem incluídas nos orçamentos dos exercícios de 1989 a 1996. Mais: para a cobertura de tais pagamentos parcelados, ficava autorizada a emissão de títulos em condições favorecidas.

Assim procederam, rigorosamente dentro da autorização constitucional, muitos administradores públicos, em alguns casos com a eliminação de todos os

---

[*] Publicado pela primeira vez no jornal "Correio do Povo" de 26 de junho de 1997.

PODER JUDICIÁRIO
FLAGRANTES INSTITUCIONAIS

resíduos. Outros, porém, segundo já se pode concluir das investigações em curso, largamente noticiadas, preferiram a esperteza. Alguns "inventaram" precatórios inexistentes, multiplicando por dez ou vinte o valor total devido; outros levantaram os recursos especificamente destinados a esse fim, mas deram-lhes outras destinações; outros mais repartiram com intermediários e corretores da mais variada espécie o dinheiro fácil assim obtido.

Para empreendimento escuso nunca falta sócio. Em torno de qualquer operação ilícita, orbita toda uma variada fauna de aproveitadores, parasitas e oportunistas que, permanentemente a farejar lucro fácil, não tiveram dificuldade em aproximar-se dos administradores desonestos para assisti-los na consumação da falcatrua e partilhar com eles os frutos podres da corrupção.

Tudo bem[*]

A produção primária está morta; a balança comercial despenca ano a ano; o desemprego alcança marcas inauditas; a criminalidade cresce de mãos dadas com a miséria; o sistema público de saúde faliu, arrastando consigo o privado; a educação é um caos. Mas tudo vai bem, como qualquer um pode constatar ouvindo ou lendo os noticiários.

Os parlamentos estão abúlicos e submissos, dispostos a referendar o que seja. O ecumenismo político, prestigiado pela mídia amiga e bem paga, constrói unanimidades sólidas e confiáveis. Isso é ótimo; só catastrofistas mal-intencionados iriam preocupar-se com o custo econômico e ético do milagre.

Um líder parlamentar declarou à imprensa que, se contasse o que estava fazendo para assegurar a aprovação *daquela* emenda constitucional, perderia, a mais da liderança, o mandato. Mas que ninguém se alarme: ele não vai contar.

A privatização avança sem percalços; já existem até homens públicos privatizados. O Estado, esse dinossauro incompetente e *démodé*, vai-se retirando de cena e abrindo espaço para Sua Divindade, o Mercado, que sábia e santamente regulará tudo. O que ele não regular, algum providencial Proer resolverá.

* Publicado pela primeira vez no jornal "Zero Hora", em 22 de março de 1997.

Um escandalozinho aqui ou ali, do tipo SIVAM, pasta rosa ou precatórios de proveta, pode até representar uma ponta de *iceberg*, mas não há razões para inquietação: basta que se tenha a prudência de não revolver muito o que está por baixo para não atrapalhar a marcha da História.

Como convém, os gabinetes estão repletos de apaniguados políticos, cabos eleitorais remunerados e funcionários-laranjas. Desde que não sejam parentes próximos – *muito* próximos –, tudo certo: as verbas de gabinete foram duplicadas, constroem-se mais anexas, e não faltará dinheiro nem espaço.

Calcula-se que, ao término de sua octaetéride, o Presidente da República terá nomeado nove dos onze Ministros do STF e especula-se que, a partir daí, cessarão as irritantes resistências à vontade do soberano. Na verdade, nem é preciso esperar tanto: alguns setores do Judiciário já mostram disposição para "pensar no Brasil", cortejar a mídia e ouvir "a voz rouca das ruas". A modernidade inspirada em Rousseau e Carré de Malberg não precisa temer maiores sustos.

Há dezenas (os maledicentes falam em centenas) de pedidos de intervenção federal engavetados e alguns Estados-membros estão sob regime de intervenção de fato. Mas oficializar a situação seria coisa de maus patriotas: isso inviabilizaria as aneladas emendas constitucionais, inclusive e principalmente A Emenda.

Já temos a figura do partido-empresa, centrado em um grande complexo de comunicação de massa, mas com metástases em outras áreas. Ele tende a evoluir para o governo-empresa, segundo o modelo italiano de Berlusconi. Isso é bom, porque todos poderão ganhar dinheiro, desde que já tenham muito.

O sistema financeiro permanece intocável, imune a toda investigação ou censura. Seus abusos e negociatas são travessuras menores, insuficientes para impedir socorros bilionários aos membros do clube apanhados em quebra fraudulenta, inclusive algum que tenha entre seus diretores uma nora do autor da liberalidade.

No imaculado panorama, a única nódoa é o nepotismo, essa chaga nacional, esse monstro a corroer as entranhas da Pátria, *causa causarum* de todos os males. Mas tudo indica que as vestais de ocasião vencerão o Grande Inimigo (se não se meteram com esferas muito altas), mesmo que seja preciso incendiar a floresta para matar o coelho. Estará restaurada a moralidade e salva a República, o Bem triunfará e tudo estará perfeito no melhor dos mundos possíveis.

Não há marajás no Judiciário*

Sob o título "A revolta dos marajás", o "Jornal do Comércio" divulgou, na primeira página de sua edição de 10 do corrente, matéria vazada em termos inverídicos e desrespeitosos sobre as manifestações do Presidente do Tribunal de Justiça a respeito da aprovação, pela Assembléia Legislativa, do Projeto de Lei Complementar nº 131, denominado "Lei do teto".

À parte a malícia extrema e o tom debochado que o texto transpira, seu conteúdo afronta a verdade ao passar a idéia de que os mais altos salários pagos pelo Estado localizam-se no Poder Judiciário e de que o Chefe deste, nominalmente citado, saiu a campo para defender privilégios próprios ou da Magistratura. Na verdade, os ganhos dos magistrados de melhor remuneração – Desembargadores com mais de trinta anos de serviço – sequer alcançam a metade de alguns valores alhures divulgados como retribuição, esta sim comprovada, paga a servidores de outros Poderes do Estado. A julgar pelos dados conhecidos, nenhum dos atuais integrantes do Tribunal de Justiça figuraria em uma lista dos dois mil salários mais altos do serviço público estadual. Embora se trate de membros de um Poder, agentes políticos, e não funcionários em estrito sentido, sua retribuição pecuniária situa-se em patamar inferior à de um grande número de funcionários burocráticos dos

---

* Publicado pela primeira vez no "Jornal do Comércio", em 15 de maio de 1996.

outros dois Poderes e de entes autárquicos – e pelo menos à de um dos agentes de segurança da Assembléia Legislativa.

De outra banda, os magistrados, por razões que aqui não cabe alongar, provavelmente acham-se fora do alcance do projeto de lei em questão, que não lhes afetará os ganhos. Assim, não tinha e não tem o Presidente do Tribunal de Justiça, por si ou como integrante de uma classe, motivos de ordem pessoal para rebelar-se contra a deliberação legislativa. Não tratou de defender qualquer espécie de privilégio, de que, aliás, não goza. Preocupou-se, isto sim, em preservar a autonomia do Poder das possíveis conseqüências futuras de mais uma agressão entre tantas que se vêm fazendo habituais. Apontou o descaso para com a independência da Instituição, que lhe assegura por norma constitucional o poder de iniciativa exclusivo relativamente a qualquer alteração do sistema remuneratório dos seus quadros. Denunciou a insensibilidade, cada vez mais saliente, dos demais Poderes do Estado para com a imperiosa necessidade de resguardo dessa independência. Noticiou o engodo de que foi vítima em tratativas prévias que não procurara, mas das quais aceitara participar de boa-fé. Chamou a atenção da opinião pública para a solércia com que foi introduzida no projeto de lei, à undécima hora e sem qualquer espécie de oitiva da sociedade ou dos segmentos interessados, matéria de todo estranha ao seu conteúdo e propósito originais, conducente à extinção pura e simples de vantagens pecuniárias tradicionalmente asseguradas a *todos* os servidores estaduais, contemplada, aliás, pela Constituição do Estado. Identificou na manobra legislativa e nas estranhíssimas circunstâncias que a envolveram mais um dos tantos movimentos de esmagamento do serviço público, que atinge todas as esferas, mas vem tomando particular ênfase em detrimento do Poder Judiciário. Alertou para as extremas dificuldades que a campanha de descrédito da Instituição e sua desvalorização inclusive econômica acarretarão para o recrutamento futuro de juízes e até para a mantença de seus quadros atuais.

O Presidente do Tribunal de Justiça e a Instituição que chefia apóiam qualquer iniciativa tendente à extinção das graves distorções existentes na remuneração dos servidores públicos, à limitação dos chamados "supersalários" e à evitação de novos erros capazes de conduzir à formação dos *verdadeiros* "marajás". Mas não aceitam assumir culpas que não são suas; repudiam energicamente as tentativas de intrigá-los com a opinião pública e continuarão, sem vacilações, a fazer-se ouvir na medida de suas forças e a lutar sob todos os riscos pela preservação de um patrimônio que não é seu, mas do povo – a independência do Poder Judiciário.

Têmis é mulher*

Ao longo dos seus 122 anos de existência, o Tribunal de Justiça do Rio Grande do Sul fora sempre integrado exclusivamente por juízes do sexo masculino. Já tem vários anos, entretanto, a presença da mulher nos quadros da Magistratura do Estado, inicialmente no primeiro grau de jurisdição e em tempos mais recentes também no Tribunal de Alçada. Essa participação feminina aproxima-se hoje de um terço do quadro. Muito natural, de resto, que assim seja, dado o progressivo e constante incremento dessa participação em todas as áreas de atividade, notadamente nas lidas do foro.

O auspicioso, histórico e justamente celebrado evento da chegada à Corte estadual mais alta da sua primeira Desembargadora, portanto, não deve constituir surpresa, não se produziu abruptamente nem ocorre por acaso. Representa o natural desenvolvimento de um processo que se iniciou no devido tempo, progrediu no ritmo normal do andamento da carreira, amadureceu convenientemente e culminou na promoção final de uma ilustre magistrada.

Conquanto algumas resistências ainda se façam sentir, mais ou menos sutilmente, em uma ou outra região do Estado, as comunidades de jurisdicionados já se habituaram ao convívio com as juízas, aceitam-nas e prestigiam-nas sem restrições. De outro lado, a estrutura

---

* Publicado pela primeira vez no jornal "Zero Hora", em 29 de outubro de 1996.

judiciária, inclusive em seu mais alto nível, assimilou por inteiro a presença feminina em seu meio, destinando a homens e mulheres tratamento absolutamente igualitário, sem qualquer discriminação ou preconceito.

Magistradas exemplares, de grande estatura moral e intelectual, conquistaram o respeito e a admiração de todos, dentro e fora dos pretórios. Um número deveras expressivo de juízas vem desenvolvendo carreiras brilhantes, acumulando sucessivas promoções por merecimento. Não menos significativo é o fato de que, em mais de uma oportunidade, ao elaborar listas tríplices para provimento de cargos judiciários reservados ao quinto constitucional (isto é, a profissionais oriundos da advocacia e do Ministério Público), mulheres foram incluídas, resultando, em um dos casos, em nomeação de uma hoje ilustre e prestigiada Juíza do Tribunal de Alçada. É mulher, outrossim, a atual Juíza Diretora do Foro da Capital, como, de resto, sua antecessora imediata.

Um ciclo agora se completa. Instituição sábia e secular, o Judiciário gaúcho soube conduzir com paciência e saudável gradualismo a absorção do trabalho feminino: como toda mudança de cultura, também essa não dispensava o concurso do tempo. Mercê disso, no momento em que celebramos a incorporação de título tão expressivo ao elenco das conquistas femininas, é grato constatar a naturalidade com que ela está sendo encarada no âmbito forense.

Enfim, Justiça é um substantivo feminino. E Têmis é mulher.

Justiça, substantivo feminino[*]

Pela primeira vez em seus 122 anos de existência, o Tribunal de Justiça incorpora a seu quadro judicante uma Desembargadora. Chega assim à sua culminância um processo iniciado há mais de vinte anos – com o ingresso na Magistratura, aliás, da mesma ilustre Juíza que ora ascende ao topo da hierarquia.

Dura é a vida de um juiz estadual de carreira. Precisa percorrer seu áspero caminho desde as comarcas mais distantes e desaparelhadas; conciliar as exigências de representação com salários irrisórios; manter-se acima das questiúnculas locais e imune às tentações do poder; compatibilizar a majestade do cargo com a modéstia pessoal; afrontar a gigantesca carga de trabalho e a imensa variedade das questões a decidir. Suas preocupações vão dos mais graves problemas institucionais a nugas como a goteira no prédio do foro. O contraste entre as dimensões de sua responsabilidade e a modéstia dos recursos disponíveis é assustador. A universalidade de sua competência requer conhecimento jurídico enciclopédico. Altivez sem soberba, independência associada à flexibilidade, espírito público, grande capacidade de trabalho, conduta social exemplar são apenas algumas das qualidades que se lhe exigem.

Por longo tempo, pensou-se que era tarefa "para homem". Mas, como em tantos outros campos, as mu-

---

[*] Publicado pela primeira vez no jornal "Correio do Povo", em 30 de outubro de 1996.

PODER JUDICIÁRIO
FLAGRANTES INSTITUCIONAIS

lheres venceram o preconceito, demonstrando sua qualificação também para a atividade judiciária, que algumas delas vêm desempenhando com singular sucesso, impondo-se ao reconhecimento geral e percorrendo com galhardia os degraus da carreira, não raro mediante promoções sempre por merecimento, a demonstrar que também os órgãos dirigentes da Instituição acham-se libertos de qualquer ranço discriminatório.

A quebra da Previdência[*]

Debitando-se mais um fracasso à sempre apregoada ineficiência do Estado, afirma-se que a Previdência Social faliu em razão de benefícios demasiadamente generosos concedidos a quem não contribuiu o suficiente para merecê-los. Pode haver nisso alguma verdade – o que falta demonstrar – mas não é, com certeza, a parte mais significativa da verdade.

A legislação que instituiu no País a previdência pública previa três contribuições, de igual volume, que sustentariam o sistema: a dos empregadores, a dos empregados e a da União Federal. Esta última jamais compareceu com o seu terço; a dos empregadores andou geralmente atrasada; a dos empregados, conquanto descontada do seu salário, nem sempre foi recolhida honesta e pontualmente. Tanto não bastasse, o governo federal desviou da finalidade específica quantidades gigantescas do dinheiro arrecadado para a construção de Brasílias, Itaipus, Transamazônicas e outras que tais – sem falar da roubalheira propriamente dita. Mesmo assim, o sistema sustentou-se e funcionou satisfatoriamente durante décadas, ao tempo dos velhos IAPs. É preciso considerar esse dado, antes de afirmar-se levianamente que o problema da previdência pública no Brasil é o modelo. Não é. É a gestão temerária e desonesta.

---

[*] Publicado pela primeira vez no Jornal "Correio do Povo", em 23 de abril de 1997.

O que está por trás da campanha de descrédito da previdência pública é, na verdade, a cobiça dos grupos privados interessados em explorá-la para obtenção de lucro. Quanto a isso, há outro dado que também se ausenta do debate: as experiências que temos com previdência privada entre nós são absolutamente desastrosas. Que o digam as milhares de vítimas dos montepios falidos. Qualquer discussão bem-intencionada do problema não pode ignorar esse dado.

Antes de estabelecer-se o consenso – perigosa palavra! – sobre a necessidade de construir-se um novo "modelo" previdenciário, é imprescindível que se analisem, confrontem e avaliem todos os fatores que pesaram para determinar a apregoada falência daquele que hoje temos. Distribuídas corretamente as responsabilidades, identificados os erros e purgadas as culpas, mais seguramente poderemos partir, se esse for realmente o caso, para um novo desenho do sistema. Sem privilégios, mas também sem preconceitos e sem perder de vista a especificidade de cada situação.

Advocacia e pequenas causas*

Os objetivos principais dos Juizados de Pequenas Causas são a democratização do acesso à Justiça e a simplificação das formas e trâmites processuais, nas demandas de menor complexidade e mais modesta expressão econômica. A Lei Federal que os institucionalizou consagrou, fiel ao modelo informal já experimentado neste Estado, a dispensa (não a proibição!) da participação de advogados: as partes podem postular pessoal e diretamente. Essa solução atende a imperativos decorrentes dos próprios objetivos visados.

A dispensa de advogados produz resultados positivos em dois planos. Primeiro, desinibe a parte no atinente à propositura (ou resposta) da demanda, dissociando a idéia de litígio judicial daquela outra, sem dúvida desgastada, da sala de espera, do trato com personagem que fala outra língua e tem seus próprios interesses a preservar. Para pessoas de condição humilde, com baixo nível de informação, esse dado é importantíssimo. É vantagem inestimável o comparecimento direto ao cartório ou secretaria, onde oralmente podem apresentar sua reclamação ou pedido. Facilmente se percebe o que isso representa em economia de tempo, trabalho e, sobretudo, constrangimento e esforço para vencer a natural inércia e temor do desinformado.

* Publicado pela primeira vez no jornal "Zero Hora", em 10 de março de 1992.

O outro plano diz com o procedimento subseqüente. Todo ele transcorre em audiência, é eminentemente oral e coloca sua ênfase maior na conciliação. Ainda aí é da maior importância o contato das partes entre si e com o conciliador, o árbitro e, eventualmente, o juiz. Claro está que não é impossível, nesse quadro, a presença do advogado, nem está na lei essa idéia. Mas, com certeza, sobretudo nos casos mais singelos, a desnecessidade dessa presença está comprovada na prática, e o fator de inibição e entrave que ela pode representar é manifesto. O sistema não alija o advogado do processo. Muito ao contrário, ele é figura imprescindível ao funcionamento dos Juizados, eis que advogados são, necessariamente, os conciliadores e árbitros. O que se vê é a revelação de uma nova face do advogado, empenhado não na vitória de um dos litigantes, mas na superação do litígio pelo modo menos traumático e mais justo. Esse papel em nada diminui ou degrada a profissão; antes a engrandece e dignifica pelo acréscimo de uma atuação desinteressada e dirigida a um alto objetivo social. Compreendendo essa realidade, afluem em grande número os profissionais da advocacia à disputa de vagas de conciliadores e árbitros sem cuja abnegada dedicação, aliás, o sistema sequer poderia ter entrado em funcionamento.

Diverso tem sido, porém, o entendimento da OAB/RS. Desde a instalação do Sistema, que tive a honra de conduzir como primeiro Presidente do seu Conselho de Supervisão, as objeções daquela entidade foram constantes e veementes. Curiosa situação: os advogados apóiam e colaboram; a OAB hostiliza. Hoje, sendo já o Sistema pujante realidade, exemplo incomum de iniciativa do Poder Público exitosa e amplamente prestigiada, em plena evolução para o formato mais abrangente que lhe destina a Constituição Federal, eis que se reacendem e acirram as antigas resistências.

Elas são de todo injustificadas, mesmo do limitado ponto-de-vista corporativo que as inspira. Não há prejuízo ao mercado de trabalho do advogado. As causas de ínfimo valor (esmagadora maioria) jamais seriam aforadas ante os órgãos tradicionais da jurisdição, nem encontrariam advogado que as patrocinasse. As outras, de alguma significação pecuniária, mas ainda abrangidas pela alçada dos Juizados, freqüentemente chegam pela mão de advogado, como no sistema tradicional. Os Juizados têm servido muito mais para atender à "litigiosidade reprimida" do que para desviar dos órgãos jurisdicionais ordinários uma parcela do seu movimento. Nessa perspectiva, o mercado de trabalho da advocacia tende antes a ampliar-se do que a restringir-se.

Outrossim, é injusta a pecha de "Justiça de segunda classe", reservada aos pobres em contraposição aos mecanismos tradicionais de exercício da jurisdição, acessíveis aos ricos. Tratase tão-somente de adaptar às necessidades da massificada vida moderna a velha e desgastada máquina judiciária. Aliás, a mecânica de funcionamento dos Juizados incorpora os mais veementes postulados da processualística moderna: celeridade, oralidade, imediação, concentração e economia. O processo ordinário do futuro provavelmente estará mais próximo desse modelo do que do antigo e cansado "processo comum".

A alternativa proposta imediata criação de eficientes e suficientes serviços de assistência judiciária gratuita é utópica. Nem os países mais ricos do Planeta lograram tal objetivo. E, no Brasil, infelizmente não é difícil prever a degeneração de tais serviços, universalizados e logo desacreditados, em uma espécie de grande e frustrante INAMPS judiciário, com perda brutal de qualidade e final liquidação da própria advocacia como profissão liberal.

Por fim, não procede a suspeita de inconstitucionalidade. A configuração da advocacia como "atividade indispensável à administração da Justiça" (CF, art. 133) não significa que hajam de intervir obrigatoriamente advogados em todos os processos, assim como a disposição dos arts. 127 e 134 não há de indicar a obrigatoriedade de intervenção do Ministério Público e da Defensoria Pública, respectivamente, em todos os feitos forenses. O que está constitucionalmente assegurado é o direito do litigante à assistência de profissional habilitado, como faculdade, e não como imposição, nos limites, casos e formas que a lei estabelecer.

Os donos da verdade*

"Ou pensas como eu, ou estás errado". Essa é a máxima fundamental para o dono da verdade. Mesmo sem nada saber, opina sobre tudo, do sentido da vida à data correta da virada do século, passando pela macroeconomia, a origem das espécies, o "Big Bang" e a mais recente fofoca social. O repórter esportivo promovido a especialista em tudo erige-se árbitro de todos os aspectos da conduta humana pública e privada. E ai de quem não o acate: o preço é a execração pública, sem piedade e sem defesa, o deboche moleque, a injúria grosseira. Mesmo quando simula admitir seu erro ou é compelido a retratar-se, encontra meios de reafirmar sua infalibilidade, reforçando a peçonha que destilara. O fato não importa, nem mesmo a versão: ele sai desde logo opinando e deitando cátedra. Não interessa informar, mas "formar opinião".

Essa postura tipicamente totalitária inibe o senso crítico, é incompatível com a mínima noção de responsabilidade social e até com a percepção dos danos que ela pode gerar. A associação ambígua com as estruturas de poder, inclusive o econômico, reforça a síndrome de onipotência e de imunidade à crítica. Daí o empenho em combater furiosamente qualquer foco de resistência e toda veleidade de bloqueio à unanimidade induzida. Quem ousa questionar a infalibilidade do oráculo ou

---

* Publicado pela primeira vez no Jornal "Correio do Povo", em 13 de novembro de 1996.

PODER JUDICIÁRIO
FLAGRANTES INSTITUCIONAIS

opor-se a seus propósitos deve ser calado a todo custo. Se alguma esfera de poder – por exemplo, o Judiciário – rejeita a submissão, precisa ser desacreditada e desmoralizada junto ao povo. Esse nível assustador de poder deveria parecer suficiente para satisfazer a mais desmedida megalomania. Mas não é. O dono da verdade quer mais, principalmente mais dinheiro. Expandindo suas atividades para muito além do sonhado monopólio da informação, lança tentáculos em todas as direções, expande negócios e negociatas nas mais variadas áreas, chegando ao ponto em que o comércio da notícia só continua a ser a mais importante de suas atividades porque dá apoio e cobertura a objetivos argentários diversos. A informação, que já era apenas mercadoria, passa a ser instrumento para obtenção de lucros de outra origem.

Ao dono da verdade, essa condição não basta. Ele quer ser dono de tudo.

$\mathcal{U}$ma advertência do FMI[*]

Sem registro nos grandes jornais brasileiros (só a "Tribuna da Imprensa" estampou notícia mais detalhada em 23 de maio corrente), ocorreu recentemente uma oportuna e significativa manifestação de inquietude sobre as relações entre o governo e o sistema judiciário argentinos. O alerta foi no sentido de que a Justiça é mais importante do que a Economia, e aquele governo precisa prestar mais atenção e respeito ao seu sistema judiciário, assegurando o cumprimento de suas decisões, garantindo sua efetiva autonomia e abstendo-se de novas ações contrárias à sua independência. Houve explícita recomendação pela adoção de reformas que assegurem tal objetivo.

Não é novidade que na vizinha República o organismo judiciário acha-se submetido ao alvedrio do Poder Executivo, inclusive por falta de profissionalismo e independência dos seus quadros e de critérios claros de seleção e recrutamento dos juízes. A notícia em menção lembra o fato, bem conhecido, de que uma iniciativa governamental quase duplicou o número de membros da Suprema Corte, assegurando livre trânsito e juízo favorável em todas as matérias de interesse do Executivo. Recorda também outro projeto governamental igualmente conhecido: o de instituir um Conselho da Magistratura que tornará ainda maior a dependência do Judiciário.

---

[*] Publicado pela primeira vez no jornal "Zero Hora", em 1º de junho de 1997.

O que de mais original e chamativo contém essa informação jornalística é a autoria da advertência. Não provém ela de algum setor oposicionista, nem de alguma área inconformada do Judiciário; tampouco da corporação dos advogados, de uma congregação de juristas ou de entidade de algum modo ligada à Justiça. A preocupação e a sugestão procedem, nada mais nada menos, do Diretor-Gerente do Fundo Monetário Internacional, Michel Candessus, em discurso proferido no encerramento de uma convenção da Associação de Bancos Argentinos. Trata-se de conhecido e respeitado sumo sacerdote das finanças, com a responsabilidade de falar em nome de instituição cujas decisões têm enorme peso e influência sobre a economia mundial. Ele revela clara consciência dos perigos envolvidos na sobrevalorização dos fatores econômicos e da necessidade de fortalecer a independência dos poderes. É sumamente auspicioso constatar, em pessoa de tal formação, nível e compromisso, essa percepção de que não há estabilidade econômica sólida sem a higidez das instituições, que só um Judiciário forte e independente pode garantir.

Não apenas por conta do sempre esperado "efeito Orloff", mas também e sobretudo porque no Brasil igualmente se vem neglicenciando a importância do Judiciário e, mais do que isso, promovendo seu descrédito e aviltamento, não é demais que tomemos para nós a oportuna e incisiva advertência de Candessus e dela façamos proveito. Não se cuida de queixa corporativista, opinião mal-informada ou insurgência política interesseira, mas da palavra de um financista de grande prestígio e poder, situado em posição privilegiada para apreciar, em escala mundial, quanto depende o bom desempenho econômico da normalidade institucional e em que medida esta depende, por sua vez, da autonomia do Poder Judiciário.

*O*nde começa a independência*

A alteração da composição do mais alto Tribunal do País, mediante transferência de um Ministro de Estado para uma das cátedras do Supremo Tribunal Federal, desperta inevitável reflexão sobre o significado institucional do fato e de suas particulares circunstâncias em momento especialmente delicado da vida nacional. Se o problema dos critérios de recrutamento da magistratura é sempre relevante e inquietador, maior importância assume quando se cuida da mais alta investidura judiciária e de instante histórico marcado pela fragilização das instituições democráticas não apenas em nosso país, mas em todo o chamado terceiro mundo.

Não estivéssemos anestesiados como estamos, teria causado alguma comoção a notícia de que o Presidente da República vê o novo Ministro do Supremo Tribunal Federal como "o líder do governo" naquela Egrégia Corte. Independentemente da duvidosa veracidade da informação, o simples fato de poder ser ela veiculada sem despertar reação deveria inquietar seriamente os cultores do direito em especial e, de modo geral, quem quer que ainda acredite na construção de um Estado de Direito no Brasil.

A notícia, que a não ser tão triste seria pitoresca, põe a nu a fragilidade intrínseca do nosso Poder Judiciário e sua extrema debilidade diante do imperialismo

---

*Publicado pela primeira vez no jornal "Zero Hora", em 11 de abril de 1997.

PODER JUDICIÁRIO
FLAGRANTES INSTITUCIONAIS

59

presidencialista. Nosso sistema constitucional – mesmo desconsideradas as deformações que sofre na prática, sobejamente conhecidas – concentra o controle de toda a atividade jurisdicional em tribunais que, sediados na Capital da República, têm a sua composição direta e incontrastavelmente determinada pelo Chefe do Poder Executivo Federal, e seu funcionamento inevitavelmente influenciado pela proximidade do trono. Essas Cortes, notadamente a mais alta delas, têm seus membros nomeados pelo Presidente da República. Mesmo nos casos em que algumas formalidades prévias ou ulteriores devem ser cumpridas, o fator determinante da escolha é o apadrinhamento político, quando não a amizade pessoal ou o parentesco. Em regra, o exercício de um cargo de confiança no Poder Executivo é estágio indispensável para o acesso às cátedras do mais alto pretório. Raramente se abre oportunidade a um juiz profissional, formado e curtido na dura escola das instâncias inferiores. Valha anotar que um só dos onze Ministros do Supremo é juiz concursado.

Devemos todos lamentar, sobretudo os gaúchos e particularmente os muitos amigos e admiradores do Ministro Nélson Jobim, que considerações dessa ordem sejam rememoradas ao ensejo de sua merecida ascensão à alta investidura. Mas, até por respeito aos méritos desse acatado homem público, seria injusto e hipócrita silenciar que esse doloroso ponto de estrangulamento da nossa organização judiciária, e portanto da cidadania e das liberdades públicas, vem resistindo sistematicamente a todas as iniciativas de reforma do Poder Judiciário. A todo momento, reaviva-se a discussão sobre a necessidade de repensar essa instituição, reformulá-la e revitalizá-la, mas nunca para questionar esse lastimável vínculo de dependência em face de outro Poder, ou a quebra do princípio federativo que a ele se associa indissoluvelmente. Em todas as esferas do Judiciário, os reformadores identificam mazelas, deficiências e vícios, mas a nenhum deles tem ocorrido discutir essa questão vital, pertinente à primeira condição de existência do Poder, que é a sua real autonomia.

Neste especialíssimo flagrante institucional; neste momento decisivo para a definição dos caminhos da República, essa questão sempre escamoteada assume relevo excepcional. Com efeito, esta é uma quadra histórica em que se vê ensombrecido o horizonte pelo fantasma da fujimorização, ameaçada a sobrevivência do Estado de Direito pelo agigantamento desmedido do Poder Executivo, intranqüilizada a cidadania pela crescente fusão entre governo e poder econômico. Em ambiente tão propício à quebra da normalidade constitucional, quando já entra pelos olhos de todos que das casas legislativas nenhuma reação ou resistência se pode mais esperar, é o Poder Judiciário, mais do que em qualquer outra circunstância, o refúgio derradeiro com o qual talvez ainda possa contar o cidadão. Mas, por maior que seja sua disposição de luta e de preservação da própria independência, por muito que tenha ganho em credibilidade, em democratização e em aproximação ao jurisdicionado, o Judiciário só poderá sobreviver e continuar cumprindo seu papel se aquela independência tiver o primeiro e maior defensor na Corte Suprema. E, para que ela não apenas seja, mas também pareça a campeã dessa causa, é imprescindível que se reformulem os critérios de provimento de seus cargos.

$\mathcal{A}$ lição da crise[*]

Se não há como justificar, é por outro lado indispensável que se tente explicar e compreender os recentes episódios de quebra do princípio da autoridade e desrespeito às instituições e poderes do Estado, nesta ou em outras unidades da Federação. É insatisfatório e simplista debitá-lo exclusivamente a interesses eleitorais e à atuação irresponsável de partidos, facções ou lideranças. Uma crise de grandes proporções não se fabrica a partir do nada. Particularmente chocante foi a invasão da Assembléia Legislativa deste Estado. E, em relação a esse fato, é importante meditar sobre as causas do lamentável incidente e, sobretudo, sobre a possível parcela de culpa que ao próprio Legislativo Estadual possa caber no episódio. À luz da *vitimologia* – uma epecialidade já nem tão nova no campo das ciências penais – sempre há alguma contribuição do ofendido para o advento de qualquer fato lesivo.

Não é de se afastar que, no caso concreto, essa participação causal esteja representada por alguma forma de autodesvalorização da instituição atingida. Não apenas aqui, mas também em alguns outros Estados e sobretudo no âmbito federal, o Poder Legislativo vem abdicando de suas prerrogativas e atribuições, a ponto de transformar-se em instância meramente homologató-

---

[*] Publicado pela primeira vez no jornal "Zero Hora", em 29 de julho de 1997.

ria das decisões de outro poder. Não seria de admirar que esse dado assumisse um peso importante no desprestígio da Instituição e no encorajamento do vilipêndio e da agressão. Também não escapa ao observador atento que os detentores do poder vêm assumindo com freqüência uma atitude de sobranceria e desprezo, quando não de deboche, nas suas relações com as oposições e até mesmo com quaisquer pessoas cujas opiniões divirjam das suas. Essa inaptidão para o convívio harmônico e respeitoso com os contrários, sobre denotar uma perigosa vocação totalitária e estimular reações afinadas pelo mesmo diapasão, restringe os espaços ordinários de exercício da contestação legítima e fomenta, por isso mesmo, a eclosão de manifestações menos civilizadas. Adicionado ao caldo de cultura da crescente dívida social, esse ingrediente pode ser explosivo.

Em palavras mais simples, pode-se afirmar que a invasão das dependências do Legislativo estadual foi, sim, um ato de grave e deplorável desrespeito, injustificável por certo, mas para o qual se há de encontrar necessariamente uma explicação. E esta pode muito bem encontrar-se no fato de que também os agentes políticos se vêm conduzindo de modo desrespeitoso em face da sociedade a que devem servir.

Temos já experiência suficiente em tentativas desastrosas de governar pela mídia e fazer democracia sem povo. É mais do que tempo de nos capacitarmos de que o poder é uma investidura, e não uma encarnação. A verdade não é propriedade particular de ninguém, e a convivência civilizada com os opositores é a essência mesma da democracia. O momento extremamente delicado que vivemos não nos outorga o direito de ignorar a advertência clara dos fatos.

Só quem respeita pode cobrar respeito.

O papel civilizador do jurista*

Comemora-se a 11 de agosto a implantação dos primeiros cursos jurídicos no Brasil. Tomado como o "Dia do Advogado" por esse motivo, o que já lhe conferiria suficiente importância, em realidade representa muito mais do que isso: identifica o despertar da Nação para a cultura humanística. Com efeito, durante muitas décadas, as Faculdades de Direito foram, no Brasil, um marco único de atualização com o processo civilizatório. Mais do que qualquer outra titulação universitária, a dos juristas se vem fazendo presente, constante e decisivamente, na política, nas funções de governo, no dia-a-dia da convivência social.

Ainda hoje, dificilmente algum outro curso superior pode-se igualar ao de Direito em abrangência de conteúdos, abertura para a percepção dos fenômenos sociais e universalidade dos enfoques. Não por acaso, foram as Faculdades de Direito que mais decidida e eficazmente se opuseram - e ainda se opõem - às deformações estruturais deliberadamente impostas aos currículos pela ditadura militar, para destruir o espírito universitário e a coesão das turmas, como a semestralização e a departamentalização levadas aos últimos extremos.

A história política do País foi em imensa parcela construída pelos egressos das Escolas de Direito. Duran-

---

* Publicado pela primeira vez no "Jornal do Comércio" de 11 de agosto de 1997.

te muitos anos, primeiro por ausência completa de outros cursos voltados para as ciências do homem, mas depois e ainda hoje pela natureza mesma de sua formação incomparável, os egressos dessas Faculdades tiveram e têm uma influência enorme sobre os rumos e as decisões vitais da nacionalidade. Elas não têm formado apenas profissionais do foro, mas também e sobretudo cidadãos conscientes e participantes, ativos e fiscalizadores, inconformados e inquietos, sempre em busca de aperfeiçoamento institucional e de melhores condições para o convívio humano.

Conceitualmente inimigo da força bruta e da dominação da riqueza, o Direito introduziu no contexto nacional das estruturas de poder um elemento de equilíbrio e de racionalidade, contrabalançando a influência avassaladora do poderio econômico e do primarismo da política do chicote. O homem de formação jurídica tem encarnado a alternativa civilizada e modernizadora para o mandonismo primário dos prepotentes, que nada têm a oferecer senão a perpetuação das desigualdades e de seus próprios privilégios. Em contraposição ao coronel, o bacharel representou na política brasileira a força da razão oposta às razões do arbítrio.

O profissional do Direito é também um apologista do diálogo, um homem sempre disposto a ouvir razões contrárias às suas, um crente na idéia de que as contradições podem conduzir ao conflito, mas através deste acabam por alcançar a síntese conciliadora. Preparado para o embate, para o litígio e para a controvérsia, por isso mesmo está apto, mais do que ninguém, a buscar e encontrar a pacificação. No exercício do entrechoque, aprende a difícil e cada vez mais indispensável arte da tolerância.

Palestras e Conferências

$\mathcal{A}$utonomia e controle do Poder Judiciário[*]

Tenho timbrado em repetir diariamente, cansativamente talvez, mas incansavelmente, que o tema da autonomia do Poder Judiciário que por isso mesmo escolhi para estas breves considerações é uma questão central do Estado de Direito e um pilar insubstituível da Democracia. Daí a opção que fiz por esse tema, ao qual se liga de um modo indissolúvel a questão hoje tão insistentemente agitada do Controle.

Autonomia, no sentido em que nós devemos entendê-la e no sentido em que ela representa uma condição de exercício de Governo democrático, é mais do que independência. Não é apenas a independência formal assegurada pela Constituição entre os Poderes, é autonomia no sentido de autogoverno, no sentido de que os órgãos do Poder Judiciário são soberanos na sua atuação específica de exercer jurisdição. Mas, para que nessa esfera possam ser efetivamente independentes, não podem deixar de o ser também no que respeita à administração própria, ao autogoverno, à capacidade real de conduzir a sua administração, os seus assuntos orçamentáreis e financeiros, nos termos em que a Constituição o assegura, mas na prática dos governos nem sempre se tem confirmado. Não há independência para

---

* Conferência proferida na programação comemorativa dos 25 anos de instalação do Tribunal de Alçada do Rio Grande do Sul, no auditório da Escola Superior da Magistratura.

PODER JUDICIÁRIO
FLAGRANTES INSTITUCIONAIS

o exercício da jurisdição repito e repetirei sempre, como eu disse, incansavelmente –, não há independência para o exercício da jurisdição se não houver independência para auto-regular-se, para autodisciplinar-se, para auto-corrigir-se na medida em que seja necessário. Não vou falar aqui do que alguns denominam de autonomia interna dos órgãos do Poder Judiciário. Autonomia dentro do próprio Poder, no sentido de não-interferência, salvo pelos mecanismos recursais previstos de qualquer órgão do Judiciário sobre o outro. Não vou tratar disso para não ingressar no campo minado da súmula vinculante; isso aí eu vou deixar aos mais corajosos. Falo, portanto, da autonomia externa, chamemo-la assim. Autonomia em face das outras atividades, dos outros campos de atuação governamental, porque uma coisa que às vezes se perde de vista é que o Poder Judiciário é Governo também. Nós temos um vezo herdado, quem sabe, do Império, ou quem sabe até de mais longe, de identificar como Governo o Poder Executivo.

O Governo é o conjunto dos Poderes do Estado. Nós somos Governo, nós fazemos Governo tanto quanto os demais Poderes e precisamos clarear esta idéia para o nosso público externo, que tem extrema dificuldade em assimilá-la, talvez até porque nós mesmos, internamente, nem sempre estejamos suficientemente conscientes do que realmente significamos no contexto social e do que representamos para a preservação de um regime democrático. Não podemos aceitar nenhuma espécie de limitação à autonomia do Poder que não sejam aquelas estabelecidas pela norma constitucional correspondente e que são ditadas exclusivamente pela necessidade de conjugar a harmonia com a independência. Qualquer outra espécie de limitação que envolva supremacia de algum outro Poder sobre o Judiciário tem que ser rejeitada.

Afirma-se que o Poder Judiciário atua demasiadamente solto. Como nós não somos eleitos pelo voto popular, diz-se que não prestamos contas a ninguém; estabelece-se aquela comparação com os integrantes dos demais Poderes que, teoricamente, prestam contas e submetem-se ao julgamento periódico do eleitorado e, portanto, da sociedade, o que conosco não acontece e, por esta razão, dizem que nós devemos ser tratados como funcionários simples, como funcionários comuns, e não como agentes políticos. Se não houver aí má-fé, há um evidente equívoco. A forma de recrutamento dos membros de um Poder não é o que lhes atribui legitimidade; a legitimidade vem da consonância da atuação com a aspiração do povo. Podemos muito bem aceitar críticas e quem sabe admitir que, em alguns momentos, a nossa atuação não corresponde por inteiro às aspirações da sociedade à qual devemos servir. Exatamente como acontece com os outros dois Poderes. Mas nem por isso aceitamos a negação de nossa legitimidade.

Na comparação com a atividade legislativa, enfatiza-se de forma dramática a diferença. O legislador seria aquela antena ultra-sensível, preparada para captar as aspirações sociais e traduzi-las no sistema se direito legislado. Mas, como sabemos perfeitamente, nem sempre essa antena funciona com tal afinação. Do Poder Executivo conhecemos bem as freqüentíssimas distorções e os favorecimentos que tanto envergonham as nossas práticas políticas e governamentais. Então este é o primeiro aspecto a considerar, e não se trata de uma posição defensiva, é uma constatação. Nós não temos por que aceitar qualquer pecha de estarmos em uma situação inferiorizada diante dos outros Poderes no que diz respeito a essa tão desejada, tão ardentemente querida sintonia entre o que se faz e o que a sociedade deseja e precisa.

Se não somos eleitos pelo voto popular – e certamente é muito bom que não sejamos –, por outro lado,

PODER JUDICIÁRIO
FLAGRANTES INSTITUCIONAIS

talvez se possa afirmar que nenhuma atividade humana é tão controlada quanto a atividade judiciária. Com efeito, aquele invocado controle periódico pelo eleitorado é uma coisa muito teórica, nós sabemos como é que as eleições se fazem. Nenhum de nós é inocente nessas coisas. A Instituição, penso eu, mais controlada, a atividade mais controlada que existe é a atividade jurisdicional, é a atividade do Poder Judiciário.

O eminente Ministro Bueno de Souza, em luminosas conferências que tem preferido sobre a atividade corregedora, tem lembrado, com muita propriedade, que as Corregedorias, a atividade de correição, nasceu dentro do Poder Judiciário, o que, desde logo, denuncia uma antiqüíssima preocupação em continuamente autovigiar-se e corrigir as práticas que porventura não estejam caminhando convenientemente.

Vejam os senhores que hoje existem Corregedorias nas Casas Legislativas, na Polícia, nas Instituições Militares, no Ministério Público, nos órgãos de Advocacia Pública. Isto foi o Judiciário que inventou, e o sistema de controle é tão bom, que serviu de modelo a todas essas instituições que o copiaram. Esse seria um primeiro mecanismo de controle a ser lembrado quando se pensa em arrolar os dispositivos controladores que a própria instituição mantém.

A atividade do Poder Judiciário é constantemente controlada pelo Ministério Público, vigilante na sua função de fiscal da lei e, em certa medida (por que não?), fiscal do Juiz, que o Ministério Público é também, porque só essa função justifica o acompanhamento naquela posição *sui generis* que o Ministério Público ocupa na relação processual, onde não é parte, e também não é inteiramente neutro, mas é tutor da legalidade. Isto é controle. Este acompanhamento, esta presença no processo, representa um mecanismo de controle. Mais: nós somos controlados pelos advogados. O advogado, que é um profissional do Direito, como nós, e que tem formação específica, presente no processo, é um controlador, é um profissional que acompanha, passo a passo, o andamento de cada processo, com as raríssimas exceções admitidas, e vigia a atividade jurisdicional; denuncia eventuais irregularidades e mantém o Juiz permanentemente consciente de que ele não está, assim como se afirma, tão solto e liberto de vigilância. As próprias partes, estimuladas pelo aguilhão mais poderoso que existe, o do interesse, as próprias partes estão, continuamente, controlando, vigiando, acompanhando, criticando o exercício da função jurisdicional.

Somos nós, Juízes, obrigados ao dever de publicidade e motivação indispensável das decisões, ao inverso do que ocorre com o legislador e com o administrador. Isso é mecanismo de controle também, não apenas do ponto de vista das partes, porque, sabemos todos, essa publicidade e este dever de motivar representam a garantia de seriedade da função jurisdicional, não só em face dos diretamente interessados, mas, também, da sociedade como um todo e como destinatária que é principal dos nossos serviços, como cliente, que em última análise, é do Poder Judiciário.

Sirva lembrar, de resto: tanto quanto quaisquer outros órgãos públicos, do ponto de vista administrativo, orçamentário, submetem-se os órgãos do Poder Judiciário ao controle dos Tribunais de Contas.

Vejam os senhores que pletora de mecanismos de controle. Será que precisamos mais? Será que a experiência está a recomendar que se sacrifique a autonomia, condição de exercício da jurisdição, para instituir alguma forma a mais, ainda, de controle de uma instituição já supercontrolada? Um modismo de hoje, dos nossos dias, que continuamente revive e reaparece nas discussões da reforma constitucional em curso é o do controle dito externo. Teríamos, então, alguma espécie de entidade situada fora do âmbito do Poder Judiciário que se incumbiria do acompanhamento, do controle, da disciplina do Poder. Mas é preciso ter presentes algumas realidades.

A propósito de Conselhos da Magistratura, o Ministro Pertence apanhou com rara felicidade e tem exposto com freqüência e maestria um dado fundamental: a instituição do Conselho da Magistratura, em países europeus, de configuração constitucional inteiramente diferente da nossa, surgiu não para reduzir a autonomia do Poder Judiciário, mas para protegê-la, para limitar as ingerências do Executivo sobre o Judiciário. Muitas das sugestões mal-informadas ou mal-intencionadas que temos ouvido propõem que percorramos o caminho contrário, um caminho anti-histórico. Se naqueles lugares onde a autonomia do Poder era insuficiente tomam-se providências para torná-la maior e mais efetiva, não parece razoável nem lógico que nós, na contramão desse processo, criemos qualquer espécie de Conselho ou organismo, situado fora do âmbito do Poder Judiciário, para exercer sobre ele alguma espécie de controle. Isto é não apenas desnecessário, diante dos controles já existentes e que podem ser certamente aperfeiçoados, como é inconveniente, é indesejável do ponto de vista da intangibilidade da autonomia.

A par da idéia de um conselho externo, surgiu uma outra proposta, que seria a de um conselho misto, que não seria propriamente exterior ao Poder, seria, por assim dizer, semi-externo, um Conselho composto por integrantes do Poder Judiciário, mas mesclado de alguns representantes dos outros Poderes. Ou – sugere-se – "da sociedade", não se sabe bem de que forma escolhidos, nem por quem escolhidos, e que acabariam de uma ou de outra forma sendo, na verdade, representantes dos demais Poderes. Em primeiro lugar, seria extremamente difícil imaginar como se haveria de compor isso. Esse Órgão seria também ele jurisdicional? Se for, ele se integrou ao Poder Judiciário, e o controle passa a ser interno, volta a ser interno; se não for jurisdicional, nós teríamos uma absoluta inutilidade, porque este controlador, por sua vez, pelo princípio da universalidade da jurisdição, estaria submetido ao controle jurisdicional. Quem está controlando quem? É um controle recíproco. Será que isso existe, que é possível? Ou o Poder Judiciário tem ou não tem a última palavra, inclusive no que diz respeito aos eventuais abusos e erros que possa cometer esse Conselho Controlador. Se a tiver, ele é inútil; se não a tiver, ele se integra ao próprio Poder Judiciário como órgão jurisdicional que passa a ser, a menos que revoguemos o princípio constitucional da universalidade da jurisdição, proposta que até agora eu não ouvi de ninguém, graças a Deus.

O modelo aparentemente definido no projeto de emenda constitucional mais recente e mais falado - se é que existe mesmo uma definição, porque esse assunto tem evoluído e com muita freqüência involuído -, é a proposta de um Conselho que eu chamaria de órgão controlador quase interno, porque a grande maioria dos seus integrantes seriam membros do próprio Poder Judiciário indicados por um complexo mecanismo de representação dos vários níveis em que atua o Poder Judiciário, mas com um tempero: dois, três ou cinco - as propostas variam - representantes de outros organismos estatais ou, quem sabe, aqueles já mencionados e indefinidos representantes da sociedade. Mas continua difícil entender como isso pode funcionar, já que nós não temos exercício da democracia direta, nem ela é possível no Estado Moderno. Fala-se de representantes e membros desse Conselho que seriam eleitos pelo Congresso Nacional, mas sem poder ser membros do Congresso Nacional. Mas se são escolhidos pelo Congresso Nacional, eles estão lá representando o Poder Legislativo, são delegados do Poder Legislativo, ainda que não integrantes dele. O Ministério Público teria um ou, quem sabe, mais de um representante; a classe dos advogados teria, também, um ou mais de um representante. Nem mesmo com esta proposta podemos concordar. Ela reúne, inclusive, algumas simpatias, mas esta proposta, antes de tudo, parece muito pouco operacional. Um Conselho numeroso que vai para mais de vinte membros e que vai desviar a força de trabalho empenhada na jurisdição para outras atividades, uma força de trabalho já extremamente sobrecarregada, como sabemos todos, para obter, penso eu, um resultado extremamente mofino. Um órgão tão numeroso, tão pesado, e que naturalmente vai ter lá o seu regimento interno, a sua auto-regulação de funcionamento, dificilmente vai ser operativo e continuará manchado pela presença de elementos estranhos ao Poder Judiciário, como organismo controlador, sem nenhum proveito. Valeria apenas como satisfação que se haveria de dar à mídia, porque não acredito que essa solução seja capaz de melhorar em nada o desempenho do Poder Judiciário e a sua melhor transparência, que tanto se deseja, a sua melhor compreensão quanto aos meios de atuação pela sociedade em geral.

Em suma, essas soluções todas soam extremamente perigosas, além de, segundo estou convencido, inadequadas do ponto de vista dos resultados que se pretendem buscar. Não creio que seja mais efetivo esse conselho no controle, na disciplina do Poder Judiciário, do que aqueles organismos que já existem, aqueles mecanismos internos de controle que já funcionam presentemente.

Dir-se-á que os órgãos controladores, por serem internos e compostos apenas por membros da própria instituição, se deixam macular pelos males do corporativismo. Isso é o que mais se tem afirmado. Penso que não é assim, porque nós temos exemplos, inclusive muito recentes, de exercício pontual e rigoroso, pelo Judiciário, da atividade de controle e disciplina. Basta lembrar o caso de um Juiz de um dos Estados da Federação, que se provou haver-se corrompido, está condenado e na cadeia, não está condenado solto, não, está condenado e na cadeia. Será, então, que se pode afirmar que nós somos incapazes de exercer um eficiente autocontrole diante deste exemplo e de outros tantos que poderiam ser apontados? Esse é apenas o mais notário, esse é apenas, se me permitem, o mais badalado, mas não é único. Neste ou naquele Estado, o controle funciona mal ou, de vez, não funciona. De acordo. Mas o que é preciso fazer é encontrar formas, encontrar modos de fazer com que ele funcione, porque, se há corrupção, e a falta de vontade de fazer as coisas corretamente tiver contaminado um determinado segmento do Poder Judiciário, provavelmente, certamente eu diria, terá contaminado toda a sociedade e ainda mais seguramente as demais estruturas de Poder. Então, é o que a história nos mostra, a ambiência de corrupção não afeta um determinado setor, deixando os outros imunes. Não é assim que as coisas se passam. Talvez seja preciso rever, então, toda uma série de mecanismos, de acompanhamento da própria atuação dos Governos Estaduais nos lugares onde se sabe, onde se constata que as coisas caminham mal, onde se constata a ocorrência de corrupção generalizada. Não há de ser o controle só do Poder Judiciário que irá resolver isso e conjurar um quadro de dissolução generalizada. Por que só no Poder Judiciário? Por que os outros são controlados pelo eleitor? Quem é que ainda acredita nesta balela de controle pelo eleitor? Sejamos bem francos e bem honestos, será que isso é realmente um controle? O parlamentar não se reelege por quê? Por que desempenhou mal o seu mandato, ou não se reelege por que não teve dinheiro suficiente para se reeleger? É preciso dar nome às coisas e falar com clareza, porque senão nós ficamos num jogo de amabilidades, ficamos construindo jogos de palavras e não penetramos no cerne das questões. Só em um plano ideal, muito distante da realidade brasileira, pode-se falar de controle pelo eleitorado. Não nos deslembremos de que nossa realidade política é a da "pasta rosa", onde mais facilmente resultam punidos os denunciantes do esquema de corrupção do que os corruptos e corruptores.

Eu gostaria de fazer uma ponderação final, que não tem aparecido nesta discussão, um dado que me parece ter fundamental importância e não tem sido posto em foco pelo debate que se trava a respeito de controle interno ou externo do Poder Judiciário. A nossa Constituição diz - embora a prática nem sempre confirme - que nós somos uma República Federativa; o Brasil é uma Federação. Claro, não somos uma Federação baseada no modelo do *e pluribus unum*. Somos uma Federação atípica, que se constituiu não por aglutinação, mas por fragmentação, que se estruturou a partir de um Estado unitário, e não de uma pluralidade de Estados autônomos. Então, a nossa Federação tem as suas peculiaridades, tanto é assim que a Justiça Estadual aplica Direito federal; é, aliás, quem mais aplica Direito federal e quem tem a competência mais universal.

Mas a questão que eu gostaria de colocar para a meditação dos senhores diz respeito ao seguinte: pode, numa Federação, por pouco federativa que seja, um Poder do Estado-Membro, do Estado Federado, ficar submetido a um controle centralizado a cargo do Poder Central, do Poder Federal? Não ouvi ainda dos constitucionalistas nenhuma menção a este problema, que, a meu ver, precisa ser discutido e solucionado.

Se nós já estamos aos poucos acabando com a nossa Federação, que já é – repito – tão pouco federativa, será que vamos dar mais este passo e atribuir a um Órgão do Governo Central – estou falando de Governo naquele sentido em que inicialmente o conceituei – poderes dos Estados-Membros, dos Estados Federados, isto é, submetê-los ao controle centralizado de órgãos federais?

Essa é uma idéia eminentemente antifederativa. Ela comprometeria, além da idéia de Federação, a autonomia da Justiça Estadual e dos próprios Estados Federados. Será que a Justiça Estadual, pelo papel histórico que tem representado, não merece um pouco mais de crédito e um pouco mais de respeito, sendo, como é, aquele segmento do Poder Judiciário, sem absolutamente nenhum desdouro ou descaso ou desconsideração aos demais, onde mais funciona a jurisdição? Pela sua competência universal, tudo o que não está excepcionado é da competência da Justiça do Estado, sem importar que o Direito seja federal, ou estadual, ou municipal. Exercemos algumas das atividades judiciárias mais diretamente relacionadas, mais diretamente presas ao exercício da cidadania. Nós exercemos a jurisdição de família, a jurisdição de menores, a jurisdição do júri, a eleitoral que é, apesar de teoricamente federal, exercida na sua massa de atuação mais significativa por Juízes Estaduais, na linha de frente, cara-a-cara com o eleitor.

Gostaria de encerrar deixando à consideração dos senhores, propondo à meditação desta seleta audiência, a idéia que eu ainda não vi discutida e aprofundada nos termos em que penso ser necessário.

Concluo, pedindo que todos nós procuremos, em conjunto, integrantes do Poder Judiciário, demais envolvidos na atividade jurisdicional, particularmente advogados e membros do Ministério Público, buscar caminhos de melhoria e aperfeiçoamento, mas caminhos que não comprometam a autonomia do Poder Judiciário, porque é aí que começa, e é aí que pode terminar a República.

Descentralização do Poder Judiciário: uma proposta*

Sr. Ministro Sálvio de Figueiredo, Presidente desta Mesa, Ilustres Participantes deste painel, Srs. Ministros. Quero saudar todas as autoridades na pessoa do Ilustre Presidente desta Corte, Ministro Romildo Bueno de Souza, a quem cumprimento pela extraordinariamente oportuna iniciativa deste simpósio. Meus Colegas, Senhoras e Senhores.

Ouvi, nos Estados Unidos, uma pequena anedota que vem a ser uma conversa entre dois administradores públicos. Um deles contava ao outro que, no seu Estado, o Departamento de Estradas havia constatado que, em uma grande rodovia, todas as placas de sinalização estavam mal posicionadas, colocadas trinta centímetros acima da altura ideal de visibilidade. Gastaram-se, então, alguns milhões de dólares para substituir todas as placas. Ao que o interlocutor respondeu: "Ainda bem que a rodovia era estadual; se fosse federal, teriam rebaixado a estrada trinta centímetros". Estou contando essa historinha não para estabelecer qualquer espécie de paralelo em relação a uma possível comparação entre Justiça Federal e Justiça Estadual no Brasil, mas apenas para colocar em destaque o fato de que a Justiça dos Estados, à qual se acha cometida, em nosso País, a

---

* Palestra proferida no *"Forum* Nacional de Debates sobre o Poder Judiciário" realizado no Superior Tribunal de Justiça, Brasília, em 13 de junho de 1997.

parcela, sem dúvida nenhuma, mais importante e mais volumosa do exercício jurisdicional, não tem sido lembrada; particularmente naqueles momentos em que se fala de reformar o Poder Judiciário. Apesar disso, a Justiça Estadual é, sem dúvida, a de maior presença no cenário nacional em termos de jurisdição, a que tem a competência mais universal; e, mais do que isso, abarca aquela parcela da jurisdição que mais de perto diz com o dia-a-dia do cidadão. O Juiz Estadual faz jurisdição de menores, jurisdição de família, faz a grande massa da jurisdição criminal, faz a jurisdição eleitoral, que só teoricamente é federal: lá na ponta, cara-a-cara com o eleitor, quem a realiza é o Juiz do Estado. E apesar disso o nosso federalismo *sui generis* quase que ignora completamente a importância deste organismo judicial dos Estados. O nosso modelo incorrigivelmente centralizador em tudo, inclusive nisso, aponta para um capítulo da Constituição Federal, onde se regulam, com alguma minúcia, a composição e o funcionamento dos Tribunais Federais e dos ramos vários da Justiça Federal, e depois manda aplicar à Justiça dos Estados uma meia dúzia de preceitos, geralmente limitadores e que representam uma camisa de força antifederativa. Assim tem sido nos textos constitucionais que nos têm regido, e não é diferente a inspiração que parece orientar os ventos reformistas que atualmente sopram no país. Ninguém parece estar preocupado com um ponto que me inquieta imensamente: a grande centralização do controle, que se quer aumentar ainda mais, nos Tribunais Superiores.

Não me parece que, num País de tão falada extensão continental e com o grau de diversidades regionais que todos conhecemos, essa possa ser uma política adequada. A verdadeira concentração do poder, pelo menos a mais visível ao leigo, ocorre nos Tribunais da Capital da República. Vendo esta nuvem que se pensa ser Juno, deixa-se de ver que, na realidade, a jurisdição que se faz no Brasil esgota-se, em mais de noventa por

PODER JUDICIÁRIO
FLAGRANTES INSTITUCIONAIS

cento dos casos, lá na Comarca. Ninguém está pensando em prover de melhores recursos e instrumentos o Juiz que, por trabalhar diretamente com o cidadão, é o mais cobrado por estar mais presente. O pior disso é que a concentração de poder a que me refiro sofre ainda os efeitos de uma grave distorção, na medida em que a concentração de poder nos Tribunais e, particularmente, no Supremo Tribunal Federal, vincula-se de um modo muito estreito com o nosso presidencialismo imperial, uma vez que o Supremo Tribunal Federal é constituído por membros escolhidos pelo voto único do Presidente da República. Aparentemente, ninguém está preocupado com isso.

Talvez por temor reverencial, não tenho ouvido uma só pessoa dizer que esse aspecto da nossa organização judiciário-constitucional mereça ser repensado. Também não tenho ouvido vozes preocupadas com a restauração ou pelo menos alguma recuperação do Princípio Federativo que, em termos de Poder Judiciário, está absolutamente morto e sepultado.

Nossa peculiar Federação tem a característica de uma extrema centralização legislativa. Praticamente toda a competência legiferante é federal e, no entanto, a aplicação dessa vasta legislação federal é feita, de modo quase exclusivo, por Juízes e Tribunais Estaduais.

Parece-me que esta particularidade do nosso sistema judiciário mereceria uma atenção e uma análise especial que, evidentemente, não cabe na angústia do tempo de que disponho aqui. Estou apenas tentando alertar para algumas questões e alguns pontos envolvidos na idéia de uma revisão do nosso sistema judiciário que não tem merecido a atenção conveniente. Uma das expressões mais salientes do centralismo a que venho-me referindo está na extrema preocupação de uniformização. É uma preocupação quase que obsessiva, aquela de uniformizar a jurisprudência. Mas será que é mesmo um bem supremo essa uniformização? Será que num país com as características do Brasil, com as diversidades culturais que conhecemos, com diferenças de um século e meio de região para região, a interpretação, já que não temos flexibilidade para legislar segundo as necessidades de cada região ou de cada estado, será que não seria bom que se compensasse essa pasteurização geral com uma possibilidade de interpretações variadas segundo as necessidades locais? Será que um artigo do Código Penal, versando algum crime contra os costumes, deve mesmo ser igualmente interpretado na zona sul do Rio de Janeiro e lá nos confins do município de Tabatinga? Nada estou a afirmar taxativamente; apenas coloco questões que me parecem dignas de reflexão.

Ainda quanto ao tema dessa obsessiva preocupação de uniformidade de interpretação, observo que temos um sistema curiosíssimo e internamente contraditório. Afirma-se que este interesse da uniformidade de interpretação do direito federal em todo país é um interesse público da maior relevância. No entanto, a sua guarda não está entregue à iniciativa de nenhum órgão público. Está entregue, isto sim, ao alvedrio das partes. A uniformização, em última análise, só ocorre se o recurso que a viabiliza for utilizado, e sabemos perfeitamente que em um altíssimo percentual dos casos não acontece a interposição do recurso extraordinário em lato sentido. Pode-se estimar em dois, no máximo três por cento, o índice de sua interposição. Então, como fica esse interesse público? O que realmente se pretende com essa idéia de uniformização, que fica restrita a um percentual praticamente insignificante do ponto de vista estatístico do total da jurisdição que se exerce no país? Gastamos uma energia enorme, um dinheiro avultado, uma força de trabalho importante, empenhamos recursos de grande porte na busca de objetivos que de antemão se sabe serem de impossível realização na imensa maioria dos casos. Não tenho ouvido, também, maiores referências a este problema e a esta questão. Sei que estou sendo provocativo, e a intenção é essa mesma.

Gostaria de colocar, se possível numa evidência maior, a questão do fortalecimento do Juiz de Primeiro Grau. Esta me parece ser uma questão vital: este nosso sistema recursal, pletórico, infindável, que todos criticam, mas no qual ninguém se dispõe a tocar mais a fundo. Desde quando pela primeira vez pensei em ser estudante de Direito, ouço dizer que temos recursos demais, que é preciso limitá-los, a eles ou aos efeitos suspensivos, ou restringir alguns recursos à matéria de Direito. Mas nunca vi parar de crescer o número de recursos. Isso significa que a sentença de primeiro grau tende a transformar-se e isso já tenho ouvido, com alguma freqüência, de advogados, num objetivo intermediário. As partes não estão muito interessadas em ganhar ou perder em primeiro grau. Elas querem é que haja uma sentença, favorável ou não, para que lhes seja franqueado o acesso à instância superior e depois a mais outras. Isso desvaloriza a jurisdição de primeiro grau, desprestigiando aquele Juiz, que, na realidade - segundo continuo convencido depois de dezessete anos de judicatura de segundo grau - é, ainda, o mais habilitado a preferir o melhor julgamento da causa. E ele, à mercê de um sistema de recursos multiplicados ao infinito, vê-se reduzido à condição de mero franqueador do acesso às instâncias superiores.

Sei que é extremamente difícil limitar os recursos no Brasil, mesmo porque sempre que se tenta suprimir algum, este é imediatamente substituído pelo mandado de segurança. Vamos, então, ter que pensar, se quisermos trilhar esse caminho, em limitar o mandado de segurança, excluir seu emprego contra os atos jurisdicionais típicos, o que não me parece absurdo algum. Aliás, o ato jurisdicional tem por si a presunção de conformidade à lei, o que aparentemente não se tem levado em conta na ligeireza com que se concedem seguranças para atacá-lo.

Ao fazer referência a esses temas, não posso deixar de mencionar a súmula vinculativa, outro instrumento de centralização ainda mais poderoso. A súmula vinculante seria algo extremamente confortável para os Tribunais Superiores. Com certeza, casaria bem, por igual, com aquela idéia de que a uniformização é o bem supremo. Ela seria extremamente confortável, simplificadora, econômica e poderia, quem sabe, desafogar extraordinariamente os tribunais superiores e agilizar a sua atuação, principalmente nas instâncias extraordinárias.

Mas o preço é muito alto, porque isto significaria esterilizar exatamente o juiz de primeiro grau, aquele a quem estou atribuindo a melhor posição, a posição privilegiada para fazer a melhor justiça. Pergunto aos senhores: alguém conhece um caso, somente um, de que algum Tribunal tenha tomado a iniciativa de rever a sua jurisprudência sem ser provocado por uma decisão inferior? Não conheço. Nos meus quase quarenta anos de judicatura, nunca vi um Tribunal tomar a iniciativa de rever a sua jurisprudência, a não ser por força da pressão que recebe das instâncias de base. É de baixo para cima que a jurisprudência se edifica, se renova e cumpre o seu indispensável mister de acompanhar as mutações sociais. Ouvi, hoje, de um dos Juízes que mais respeito e admiro no Brasil, o Eminente Ministro Carlos Velloso, que é uma insanidade, se a palavra não for essa é muito parecida, que um Tribunal julgue dez, cem, mil vezes a mesmíssima questão e cinco ou dez por cento dos juízes - os rebeldes e insubordinados - continuem teimosamente a julgar em sentido oposto. Permito-me lembrar, com todo o respeito, que não é raro vir aquele mesmo tribunal, na milésima primeira vez em que aprecia a mesma matéria, a rever sua posição - em geral, repito, sob pressão dos julgados vindos de baixo. Sur-

PODER JUDICIÁRIO
FLAGRANTES INSTITUCIONAIS

gem então as safras gordas de rescisórias e, o que é pior, a imensa frustração para aqueles litigantes que não dispõem mais da rescisória.

Quando digo que é preciso prestigiar – estou encerrando, o Eminente Ministro Sálvio de Figueiredo está me alertando quanto ao tempo –, fortalecer a jurisdição de primeiro grau, também estou falando da necessidade de instrumentar melhor o Juiz de Primeiro Grau, seja em termos de Direito Processual, seja quanto a equipamento, recursos materiais, capacitação dele próprio e do seu pessoal de apoio. Não falo de hipóteses, mas de experiência concreta. Nós, no Rio Grande do Sul, temos absoluta segurança de que se dermos ao Juiz essa instrumentação, capacitação e os meios de que necessita para um melhor exercício da jurisdição, ele irá responder. porque já está respondendo através da magnífica experiência dos Juizados Especiais. Ela nasceu no meu Estado repito sempre com muito orgulho e sem nenhuma vaidade pessoal, porque não participei pessoalmente do projeto original. Primeiro com a experiência pioneiríssima dos Conselhos de Conciliação informais, que evoluíram para os Juizados de Pequenas Causas e impuseram-se ao legislador pelos resultados, subindo, por fim, às galas da consagração constitucional. Nós temos, hoje, a isso acrescida a excelente, a magnífica realidade dos Juizados Especiais Criminais que começam já, pelo menos no meu estado, a representar a verdadeira redenção da Justiça Criminal cuja situação era pré-falimentar ou falimentar de vez. Nós estamos abandonando um processo de formalidades absolutamente alienado de qualquer visão teleológica por um processo de resultados. Esta, penso eu, ouso pensar, é a mentalidade que nós temos, se introduzirá no futuro, na jurisdição dita ordinária.

Excedi meu tempo, peço escusas, agradeço a paciência do Sr. Ministro Sálvio de Figueiredo e da platéia. Muito obrigado.

Reforma do Judiciário: a exacerbação do centralismo[*]

É momento de grande júbilo para o Poder Judiciário do Rio Grande do Sul este em que incorpora aos seus quadros um expressivo número de novos magistrados, sobretudo em quadra marcada pela extrema carência quantitativa e por uma sobrecarga de trabalho, dela decorrente, sem precedentes na história da instituição. Como Chefe do Poder, cabe-me a grata incumbência de saudar os novos juízes e apresentar-lhes as boas-vindas e os melhores votos. A isso, contudo, não me posso limitar, em momento grave e preocupante da realidade nacional, quando a obsessão reformista e indiscriminadamente desestatizadora ameaça a estabilidade institucional, inclusive no pertinente à atividade jurisdicional e aos organismos dela incumbidos. Permito-me, pois, sem embaçar o brilho da conquista e o caráter festivo desta hora, dividir com os novos Colegas algumas reflexões que certamente deverão integrar, desde hoje, o universo das preocupações de cada um, como juízes que passam a ser.

Falo das propostas de reforma do Poder Judiciário, apresentadas estas como necessárias e sem dúvida imperativas em algum sentido. Sustento que elas têm sido norteadas por critérios altamente discutíveis, por uma

[*] Palestra proferida na solenidade de posse de Juízes de Direito Substitutos, em 8 de julho de 1997.

visão leiga dos problemas envolvidos e, sobretudo, pela distorcida perspectiva de Brasília. Não me proponho discutir, no presente momento, o mérito e os caracteres intrínsecos de cada uma dessas propostas; questiono, isto sim, algumas das grandes diretrizes e coordenadas sobre as quais elas se estruturam.

Tudo o que se tem cogitado, a propósito dessa revisão, diz respeito à cúpula nacional do Poder e orienta-se para uma centralização ainda maior de uma estrutura já intoleravelmente macrocefálica. As duas mais persistentes e reiteradas sugestões – controle externo e instituição de súmulas com poder vinculativo – são perfeitamente ilustrativas dessa visão "metropolitana" dos problemas da Justiça: elas partem da análise da cúpula e conduziriam inelutavelmente a uma concentração de poder ainda maior nos tribunais superiores, em detrimento da independência, da criatividade e do dinamismo caraterísticos das instâncias de base. A administração do Poder Judiciário (via controle central) e o próprio conteúdo das decisões jurisdicionais (postas na camisa-de-força da obediência cega ao prejulgado) passariam a depender ainda mais de posições tomadas nos gabinetes refrigerados da Corte, pertencentes ou não à esfera judicial.

Com efeito, o controle que se preconiza – externo ou mesmo interno – seria atribuído a um grande órgão de cúpula (mais um!) colocado no ápice da pirâmide e integrado exclusivamente por pessoas que pouco ou nada têm a ver com o dia-a-dia da jurisdição em sua manifestação mais importante e expressiva, a exercida cara-a-cara com o povo, no áspero contato diuturno com os problemas concretos da vida do jurisdicionado. O juiz de primeiro grau, o juiz singular, que faz a grande massa do trabalho jurisdicional, que concilia, que instrui, que sofre o embate direto dos conflitos e convive em pé de igualdade com a massa dos usuários do serviço – esse não está sendo lembrado, muito menos ouvido. Ou melhor, está sendo lembrado, sim, mas como o vilão a ser cobrado, controlado, corrigido, punido. Não se lhe pergunta da frustrante batalha antecipadamente perdida da jurisdição de menores, do doloroso convívio com os dramas do Direito de Família, da sumamente complexa teia das relações obrigacionais, do corpo-a-corpo diário do combate judicial à criminalidade sem meios e sem apoio, da singela mas exigente arbitragem dos conflitos de vizinhança, do dar o seu a cada um no universo amargo dos deserdados. A defesa do precedente vinculante é, em si mesma, um hino ao centralismo. Fingem os corifeus da doutrina ignorar que jamais, em tempo algum, se ouviu dizer que um Tribunal tomasse a iniciativa de rever a sua jurisprudência, senão como conseqüência da pressão advinda das instâncias iniciais. Estas, mais próximas ao povo, mais sensíveis ao apelo do conflito concreto, mais afetadas pelas mudanças sociais de cada tempo e lugar, menos preocupadas com teses do que com soluções e resultados, é que inovam e ousam na recriação do direito que o caso concreto impõe. Não necessariamente para a formulação de um hipotético "Direito alternativo", mas certamente para a revelação plena das alternativas que o Direito contém e só se podem descobrir por inteiro na medida em que ele incide e precisa ser aplicado.

Há uma premissa profundamente preconceituosa à raiz disso tudo, uma questão que jamais chega a ser claramente enunciada, mas subjaz implícita e está gritando por atenção. Desenvolvemos, de uns tempos a nossos dias, principalmente a partir do Código de Processo Civil de 1973, a obsessão pela uniformidade da jurisprudência, vista como um bem supremo, como um imperativo de sobrevivência da unidade nacional. Mas é mais do que tempo de questionar essa idéia. Se, em nossa estranha e atípica federação brasileira, temos uma competência legislativa praticamente universal concentrada nas mãos do Estado Federal, caberia perguntar se esse centralismo legiferante extremado não mereceria alguma compensação no segundo momento da formulação da norma, aquele da incidência e da concretização. Se a regra jurídica abstrata, *v.g.*, sobre crimes contra os costumes, é a mesma para a Zona Sul do Rio de Janeiro e para o mais profundo e esquecido grotão do Brasil miserável e analfabeto, sem telefone e sem televisão, não parece desarrazoado pensar em interpretá-la de modo diverso, talvez radicalmente diverso, no momento da aplicação em cada um desses mundos. Eles estão separados por uma distância que não é só geográfica, mas cultural e necessariamente *temporal*, dado que entre um e outro desses Brasis a diferença não é inferior a 150 anos. A regra sobre prazo processual vigente no coração de São Paulo, perfeitamente adequada a uma sociedade cuja rotina incorpora os maiores avanços tecnológicos na área dos transportes e comunicações, não serve aos confins da Amazônia, onde as distâncias se medem por dias ou semanas de canoa. Uma saudável diversidade de interpretação da norma, intratavelmente uniforme em sua formulação abstrata e em sua letra seca, poderia conferir-lhe melhor razoabilidade e adequá-la não apenas ao ideal federativo, mas também e sobretudo à imensa diversidade entre as regiões, sua história e sua cultura. Poderia, sobretudo, humanizá-la na medida de sua remoldagem, segundo as particulares circunstâncias da incidência, na infindável variedade das tão decantadas dimensões continentais do País.

Por igual, vista toda a problemática do Poder Judiciário desde uma posição central, a ninguém parece ter ocorrido que a Justiça dos Estados é a detentora da mais universal das competências, depositária da mais rica, mais variada e mais completa experiência de judicância. Fiel ao modelo da Carta Constitucional vigente e das que a precederam – que à Justiça Estadual só dedicam um rápido lance de olhos, em meia dúzia de incisos

90   ADROALDO FURTADO FABRÍCIO

opulentos em restrições e extremamente avaros em franquias – os ventos reformistas circulantes carregam também uma vocação intoleravelmente centralizadora. A preocupação dominante é com o desafogo de tribunais que realmente concentram o poder, mas aos quais chega um percentual desprezível do universo de processos e que, por isso mesmo, pouco dizem aos interesses da massa da cidadania. Tribunais compostos ao gosto do chefe do Poder Executivo e do caciquismo político, alheios ao combate que se trava diuturnamente nas ruas e nos campos, distanciados do Brasil real que se contorce entre as ânsias de crescimento e as agonias do desamparo. Quando se ocupa dessa coisa menor, indigna das acarpetadas câmaras cortesãs, é para tratar de nugas, de questiúnculas já resolvidas e esquecidas, ou para desnecessariamente reavivá-las, como no caso da participação classista na composição dos tribunais, o já cansado, cansativo e perfeitamente dispensável problema do "quinto" corporativo. Não se toma em conta que, das causas ajuizadas em primeiro grau, apenas dez a quinze por cento são objeto de apelação, transitando em julgado todas as demais sentenças na própria instância originária; desconsidera-se, outrossim, que os recursos extraordinários *lato sensu* para os Tribunais de Brasília não chegam a alcançar vinte por cento das causas em que houve apelação – vale dizer, uns dois ou três por cento do total ajuizado. Esses números bastam para demonstrar o despropósito de concentrar-se a atenção reformista sobre os tribunais superiores, ignorando-se a massa dos feitos judiciais que se esgotam nas instâncias ordinárias. A desatenção à realidade da jurisdição de primeiro grau, a que mais importa à cidadania, ressalta a evidência do enfoque macrocefálico, voltado para o próprio umbigo, característico da cultura brasiliense.

A jurisdição de instância originária – aquela que a cada um de vós está sendo agora cometida – é que deveria merecer a concentrada atenção de qualquer

PODER JUDICIÁRIO
FLAGRANTES INSTITUCIONAIS

propósito honesto de reforma. A valorização do julgado de primeiro grau, sobre corresponder a uma tendência contemporânea universal, é um imperativo da nossa condição de país pobre, que também na esfera jurisdicional está a clamar por soluções simples, rápidas e efetivas. Qualquer iniciativa séria, bem-informada e bem-intencionada de reforma do Poder Judiciário no Brasil não pode prescindir da simplificação processual com ênfase absoluta na redução do elenco pletórico de recursos, na limitação de sua eficácia suspensiva, no enxugamento quantitativo e qualitativo dos meios de impugnação, incluindo a irrecorribilidade das interlocutórias e a drástica redução dos remédios excepcionais de revisão. E, se a experiência aponta a existência entre nós de uma cultura de verdadeiro fetichismo do recurso, a ponto de que a abolição de qualquer deles acarreta sua pronta substituição pelo mandado de segurança, que se tenha a coragem de proibir o emprego desse remédio processual tão nobre e heróico, mas hoje tão banalizado, como meio de ataque ao ato jurisdicional típico, que tem por si a presunção de legalidade. Já não se pode admitir que a sentença seja vista como simples porta de acesso ao recurso, como senha de ingresso a uma segunda, terceira ou quem sabe quarta instância.

Se o objetivo colimado é realmente uma prestação jurisdicional mais efetiva, mais rápida e socialmente mais útil, correspondendo ao ideal político de um Estado mais voltado para o bem comum e mais prestante para a massa da cidadania, o caminho não pode ser o da centralização, mas o oposto, da desconcentração do poder e da valorização da atividade jurisdicional de ponta. Em lugar da desconfiança e do controle, mais força, mais prestígio e melhores meios para o juiz de primeiro grau e para a Justiça dos Estados. Ao invés da universal e irrestrita recorribilidade, a excepcionalidade da admissão dos remédios impugnatórios. De preferência ao controle externo castrador e antifederativo, o fortalecimento dos mecanismos existentes e suficientes de acompanhamento, orientação e correição da atividade judicante. Ao contrário do *impeachment* para juízes, sugerido em proveito próprio pelo coronelismo retrógrado mas ainda dominante, a liberdade com responsabilidade. Que se dêem aos juízes os meios, a autonomia, os instrumentos e a capacitação de que necessitam, e eles devolverão em dobro o que se investir nesses objetivos, em forma de prestação jurisdicional mais célere, mais útil e mais efetiva; de acesso à Justiça e democratização do Judiciário; de inclusão social de um número maior de cidadãos, sobretudo aqueles esquecidos de todos, para os quais, no confronto com os poderosos, o juiz não é apenas a última, mas a única esperança.

Não estou a falar de miragens ou de utopias, mas de experiência concreta e presente. Aqui neste Estado, por iniciativa visionária e generosa de um grupo de juízes, sem o amparo da lei ou de qualquer estrutura de poder formal, lançou-se a semente fecunda dos juizados de pequenas causas, logo institucionalizados porque a excelência de seus resultados se impôs ao legislador, e a seguir elevados à dignidade da consagração constitucional, com ampliação para a esfera criminal. Esse magnífico sistema, hoje orgulho e redenção do Poder Judiciário, baseia-se na valorização do julgado de primeiro grau e na drástica limitação dos recursos. Representa a substituição de um processo de formalidades por um processo de resultados. E aos frutos opulentos que vem produzindo em termos de ampliação do acesso à Justiça e de sua democratização, de desafogo das estruturas tradicionais da jurisdição e de superação da mácula ominosa da mora judicial – tem somado uma outra e talvez inesperada contribuição: seu funcionamento tem servido como verdadeiro laboratório de provas para novos conceitos, novas praxes e novos procedimentos que, em parte já muito significativa, trasladaram-se para o processo ordinário, transmitindo-lhe dinamismo, modernização, celeridade e efetividade. E, tanto não bastasse, vem contribuindo decisivamente para a formação de uma nova mentalidade entre os profissionais do foro, um modo novo de ver e conceber a atividade jurisdicional como meio de servir ao povo e não como fim em si mesma.

Esse é o caminho, e por ele é que há de transitar qualquer reforma séria do Judiciário. Que se pense, já que disso não se dispõe a prescindir a cúpula, em aprimorar a jurisdição prestada naqueles dois por cento dos processos aforados que buscam acesso às instâncias excepcionais. Mas que, antes disso, se trate de assegurar melhor tratamento aos noventa e oito por cento que mais interessam à grande massa dos jurisdicionados.

Estas, meus jovens Colegas, as reflexões que decidi partilhar convosco. Que elas vos sirvam de razão e incentivo para uma constante percepção e clara consciência da imensa importância das tarefas que vos esperam. Que o objetivo indeclinável da preservação da independência conviva em vós com a humildade da disposição para o aprendizado, para o aperfeiçoamento e para autocrítica. Que, no desempenho do áspero ofício que escolhestes, esteja presente sempre à vossa consciência a condição de membro de Poder, detentor por inteiro, nos limites da competência, de toda a jurisdição. Que essa percepção seja motivo de orgulho e de auto-estima, mas também de compreensão da responsabilidade única e incomparável que sobre nossos ombros pesa e do débito permanente que temos para com a sociedade.

A Reforma Constitucional e o Poder Judiciário*

O Sr. Des. Adroaldo Furtado Fabrício. Minha calorosa saudação inicial ao ilustre Dep. Vieira da Cunha, que é também e principalmente amigo, aos eminentes Parlamentares que compõem comigo este Painel, o ilustre e respeitado Senador José Fogaça e o meu prezadíssimo Dep. Jarbas Lima, a quem me ligam laços muito antigos e sólidos de amizade.

Demais integrantes desta Mesa, meus eminentes Colegas de Magistratura, de docência, meu caro Cláudio Maciel, Presidente da AJURIS, Colegas que estão na platéia, Senhores Parlamentares, Senhoras e Senhores. Quero registrar ainda, com satisfação muito grande, a afluência que esta oportuna iniciativa produziu aqui no auditório. Parece-me sumamente auspicioso que temas desta ordem, de tamanha atualidade e de tão vital importância nos dias que correm estejam sensibilizando variados setores, camadas e estratos da sociedade que aqui, com grande satisfação, vejo representados.

Suponho que se espera de mim uma avaliação necessariamente rápida sobre o que o Poder Judiciário do Rio Grande do Sul tem a dizer a respeito do processo em andamento de reforma constitucional, particular-

---

* Palestra proferida no Seminário "Reforma constitucional e poder político", promovido pela Comissão de Constituição e Justiça da Assembléia Legislativa do Rio Grande do Sul, em 6 de junho de 1997 (transcrição de registro taquigráfico).

mente no que a ele concerne. Necessariamente, algumas referências terão de ser muito genéricas para introduzir o tema específico antes que se possa falar com mais exatidão e mais topicamente sobre os assuntos pertinentes ao Poder Judiciário. Refiro-me às circunstâncias em que transcorre o processo de revisão constitucional.

Tenho divulgado, em várias oportunidades, a idéia de que a nossa conduta brasileira em face da Constituição é uma conduta esquizofrênica; não encontro palavra mais expressiva. Nós amamos a nossa Constituição, nós a queremos forte e respeitada, desejamos ver as nossas instituições enaltecidas e prestigiadas, mas, na prática da vida, não temos feito o que é necessário para garantir esses objetivos. Temos uma insopitável vocação para a transgressão, e muito feqüentemente desmentimos nos atos aquilo que defendemos no discurso.

Estou usando um plural muito abrangente, porque estou a referir-me a todos nós. Penso que é uma característica psicossociológica da população brasileira esta incoercível tendência para a infração. De algum modo, todos somos transgressores e, por isso, ao mesmo passo em que amamos a nossa Constituição e a desejamos forte, cometemos para com ela freqüentes violências e desacatos. Semelhantemente, em relação à revisibilidade da Constituição, nós também temos uma atitude ambígua: ora queremos que tudo seja cláusula pétrea, ora queremos que tudo seja disposição programática. Isso é muito ruim, porque, dependendo das circunstâncias e dos interesses a que determinado grupo, determinada pessoa ou determinada instituição pretenda servir, a Constituição será mais ou menos flexível. Os limites dessa revisibilidade serão mais amplos ou mais restritos. Veremos mais disposições programáticas ou mais cláusulas pétreas e teremos uma certa tendência a ignorar a vasta zona gris em que as cláusulas não são pétreas, mas também estão escritas para ser cumpridas, já que não se podem limitar a meras declarações de propósitos.

Essa nossa ambivalência brasileira em relação à Constituição, de um certo modo, traduziu-se na elaboração da Carta de 1988, cheia de imperfeições, filha de mãe impura, porque não nasceu de uma Assembléia Constituinte e, por isso mesmo, padece de alguns dos defeitos internamente irremediáveis como aqueles atinentes às distorções da representação nacional no Congresso, essa conhecidíssima deformação que leva grupos populacionais menores a ter representações maiores, segundo um modelo perversamente imaginado pela ditadura militar. Por que isso aconteceu? Porque se desprezou uma oportunidade de ouro para elaborar uma Constituição a partir de visão diversa, de visão mais aberta, de visão da sociedade, e não da mais restrita visão da representação política assim falsificada. Um Congresso Constituinte jamais tocaria nesse aleijão representativo, porque ele beneficia precisamente a maioria espúria que dele mesmo resulta.

Por isso, e só por isso, cheguei a manifestar alguma simpatia pela idéia de se abandonar a iniciativa ou o conjunto de iniciativas de reforma para partir-se de vez para uma reconstitucionalizacão, proposta essa que um ilustre Parlamentar deste Estado tem repetidamente levantado. Só que sou mais visionário. Eu ousaria sonhar que essa reconstitucionalização se fizesse à base de uma Constituinte exclusiva, porque não há outro caminho, a começar pelo fato de que, sendo a representação congressual o que é, a formulação da Carta Fundamental a partir dela partirá desde logo de uma vontade nacional erroneamente identificada, porque a representatividade está falsificada.

Dito isso, passo a indagar do que se pode esperar e do que se pode temer da reforma constitucional em andamento, do ponto de vista de suas previsíveis repercussões sobre o Poder Judiciário. Em primeiro lugar, parece-me importante precisar que eu não tenho legitimação para falar em nome do Poder Judiciário como instituição nacional. Tenho que falar com base na minha experiência e no meu conhecimento da Justiça que eu integro, a Justiça Estadual do Rio Grande do Sul.

Na perspectiva desta experiência e das vivências que eu tenho colhido como Juiz no meu Estado, integrando a Magistratura do Rio Grande do Sul, não posso deixar de repudiar, pessoal e institucionalmente, a quase totalidade das propostas em andamento, que se encaminham inelutavelmente para um achatamento do Poder Judiciário, para seu esvaziamento como Poder do Estado. Trata-se de uma reforma *contra* o Judiciário. Faço-o, de resto, com a certeza de poder, neste particular, falar em nome da Instituição.

Vivemos claramente uma realidade em que, na esfera federal e em muitos Estados, o Poder Legislativo já está reduzido à lamentável condição de instância meramente carimbadora. E, segundo vejo com muita clareza, acha-se em marcha um projeto de reduzir o Poder Judiciário a essa mesma e humilhante condição. Por isso, quando eu me refiro a uma reforma contra o Judiciário, não penso estar cometendo exagero algum. Expressão mais forte e mais insistente desse propósito, ainda que não a única, é a insistência obsessiva na criação de um mecanismo de controle externo. Estou firmemente convencido de que tal iniciativa, sobre desnecessária e inútil, seria deletéria, porque destruiria a independência do Poder em detrimento não apenas de sua atuação, mas da higidez geral das instituições democráticas.

Ouço de alguns o seguinte: o controle externo é necessário, porque, no Estado X ou no Estado Y, ocorrem abusos, ocorrem desvios de conduta por parte de Juízes, ocorrem distorções no exercício da jurisdição. E eu tenho respondido que, nos lugares onde isso acontece, é claro que não por coincidência, o problema não se restringe ao Poder Judiciário, o problema é de prática política geral, no mais amplo sentido que essa expressão possa assumir. Onde existem essas distorções e desvios de conduta, cuja existência não nego, em nível preocupante, onde esses desvios representam uma presença significativa e efetivamente marcante, não é no Poder Judiciário especificamente que se localizam, mas nas práticas de governo como um todo. O remédio adequado não é a submissão de um dos poderes aos demais, mas um controle social mais efetivo sobre os níveis éticos de atuação no setor público e possivelmente também fora dele. Então, não há de ser a reforma achatadora, a reforma esvaziadora do Poder Judiciário que há de resolver essas anomalias localizadas.

Rejeito de modo cabal e absoluto a idéia de controle externo para um Poder Judiciário como o do Rio Grande do Sul. Não existe atividade mais controlada que a judiciária. É controlada pela lei; é controlada pelas Corregedorias – mecanismo que o Poder Judiciário originalmente criou, e hoje quase todas as instituições públicas adotam; é controlada pela vigilante fiscalização do Ministério Público; é controlada pelos advogados; é controlada pela extremamente vigilante presença das partes sob o aguilhão do interesse próprio, que é o mais poderoso dos estímulos; na qualidade de suas decisões, recebe o controle da obrigatoriedade da fundamentação e da publicidade dos seus atos; administrativamente, é tão controlado pelos Tribunais de Contas quanto qualquer outro ente público.

Qual é o controle que falta? O controle que falta, segundo freudianamente transparece nas manifestações que temos lido sobre ele, é o do próprio conteúdo das decisões jurisdicionais. Aqueles que o defendem dizem que não, que o controle pretendido é um acompanhamento da atuação do Poder Judiciário no atinente à sua administração, e não um controle do seu produto específico, que é a prestação jurisdicional. Entretanto, quando é que aparecem sistematicamente as referências ao tal controle externo? Sempre a propósito de alguma decisão jurisdicional, que desagradou a algum poderoso da hora ou contrariou algum interesse de vulto.

O que se diz é que o Poder Judiciário atua demasiadamente solto e que não sofre aquele suposto controle exercido pelo eleitorado sobre a atuação dos demais agentes políticos, que dependem do voto popular para a renovação dos seus mandatos. Essa diferença realmente existe, já que ninguém está defendendo a estultice de Juízes eleitos para todos os níveis, e a partir dela se sustenta que, à falta do controle periódico pelo eleitorado, se estabeleça algum outro mecanismo controlador capaz de submeter a atuação jurisdicional à vigilância da sociedade. Mas como é que a sociedade pode controlar, pergunto eu, senão por intermédio de algum dos outros Poderes constituídos? Ninguém foi capaz de me explicar o controle da sociedade que não seja o controle por meio dos outros Poderes. E este seria a negação do Judiciário como Poder; é a submissão.

Veja-se, por exemplo, o que vem pregando aquele ilustre e provecto cidadão, que usa a lanterna na popa. (O Deputado Jarbas Lima, aqui presente, diz que a lanterna está apagada; não está apagada; está bem acesa, o problema é que está na popa e só ilumina o passado, não clareia o futuro). (*palmas*) Esse ilustre economista vem liderando ou regendo um coro numeroso de manifestações contrárias à autonomia do Poder Judiciário, sustentando amiúde que as travas opostas pela jurisdição à sonhada onipotência do Executivo embaraça a busca de objetivos nacionais superiores. O Poder Judiciário certamente embaraça e deve embaraçar, é o seu papel, ele existe para isso os eventuais abusos de poder que ocorram em todas as esferas, inclusive na interna do próprio Poder Judiciário. Mas, se o que se deseja é a imunidade do Poder Executivo à autoridade da jurisdição, então não é controle que se deseja, mas a consagração do arbítrio e, muito paradoxalmente, o absoluto descontrole dos atos imperiais do poder único e incontrastável.

As propostas que vêm sendo defendidas, relativamente ao Poder Judiciário, comprometem-lhe gravemente a independência em dois planos distintos, mas igualmente vitais. No plano externo, preconiza-se um relacionamento de subordinação, porque, repito, não há controle da sociedade que possa ser exercido sobre o Poder Judiciário e que não seja o controle dos outros Poderes, assim como não há – também repito – controle que ainda falte e que não seja o controle sobre o próprio conteúdo da prestação jurisdicional. Então, nesse plano, que eu diria externo, de relacionamento com os demais Poderes do Estado, há uma ameaça real e concreta. E, no plano da independência interna, contemplada agora a autonomia de cada um dos órgãos jurisdicionais em face dos outros da mesma esfera, inclusive aqueles de nível hierárquico superior, porque essa independência também é necessária, a ameaça também se faz presente e responde pelo nome de súmula vinculante.

A esse propósito, devo dizer que minha posição quanto ao pretendido poder vinculativo das súmulas não é a mais radical. Muitos dos meus Colegas têm uma posição mais extremada do que a minha nesse particular. Eu admitiria, em princípio, a bem da praticidade da realização da justiça, alguma forma de uniformização de jurisprudência para evitar a repetição infindável de processos com idêntico objeto. A idéia em si, e colocada nesses termos, é até simpática e fácil de vender. Se julgamos dezoito mil vezes se o prato de comida servido na mesa do restaurante paga, ou não paga, ICMS, depois de julgarmos dezoito mil vezes, vamos escrever definitivamente que paga ou que não paga, e não mais se discute. Mas vejam bem: esse não é o papel do Poder Judiciário. O Poder Legislativo é que se deveria dar conta da necessidade de cortar esses conflitos repetitivos, esses litígios interminavelmente reiterados, por meio de um provimento legislativo claro. *(palmas)*

Então, ainda que, repito, não assuma uma posição absolutamente radical, ainda que possa transigir com a idéia dos prejulgados vinculativos, para admiti-los em temas muito restritos, em matéria constitucional e depois de verificada uma gama de pressupostos claramente definidos, permaneço muito temeroso de que, na prática, a teoria acabe sendo outra, isto é, aberta essa porteira e iniciada a adoção das súmulas vinculantes, a tentação de ampliá-las será irresistível para os tribunais superiores, sempre assoberbados e esmagados por uma carga de trabalho absolutamente invencível, como de resto todo Poder Judiciário. E o resultado será o amordaçamento da consciência dos juízes, o engessamento da jurisprudência. Como sabemos todos, nenhum tribunal toma a iniciativa de rever sua própria jurisprudência, senão sob a pressão das instâncias inferiores, que por hipótese deixaria de existir.

Há soluções que se podem buscar e remédios que se podem adotar para os problemas da jurisdição, sem que seja necessário sufocar-lhe as garantias de livre exercício. No Rio Grande do Sul, hoje, apesar das nossas imensas carências temos mais de 200 cargos vagos no nosso quadro de Juízes; temos conseguido manter, mercê da extrema dedicação, que eu chamaria até de heróica, dos nossos magistrados, uma situação suportável. Existem grandes Estados da Federação onde a distribuição nos tribunais está com um represamento da ordem de um ano, de dezoito meses e, em pelo menos um deles, de dois anos. Isso, evidentemente, nos debilita, nos enfraquece e favorece as teses do controle externo. Mas o problema não é de controle; o problema é de desproporção entre os meios e a demanda. É apenas isso. Em outro plano, o problema é de simplificação processual.

Mostro-lhes que não estou falando de coisas abstratas, mas do concreto, provado e experimentado. De alguns anos a esta parte, por uma iniciativa dos Juízes do Rio Grande do Sul, da qual tenho o maior orgulho, mas não reivindico mérito pessoal algum, porque no seu momento inicial e pioneiro não tive participação, criou-se o embrião do que hoje é essa magnífica realidade dos Juizados Especiais Cíveis e Criminais. O Judiciário é capaz de dar boa resposta, quando provido de meios adequados, como essa exemplar experiência demonstra, aqui no Rio Grande do Sul, que continua sendo o Estado onde o sistema melhor se desenvolveu. Provou ser a redenção, sobretudo da Justiça criminal, que estava em estado pré-falimentar.

Quando os meios são proporcionados, quando os caminhos são abertos, há soluções, sem que se precise quebrar a independência do pensamento dos Juízes, internamente, e a soberania da instituição em face dos demais Poderes do Estado, essa soberania dos veredictos que é condição inafastável do estado de direito e da sobrevivência da democracia.

Desejo fazer apenas uma referência final, sem a qual minha presença aqui não estaria justificada. Os defeitos maiores de que temos sido acusados nós, juízes, não são defeitos, são virtudes, porque traduzem uma disposição permanente e inquebrantável de manter as prerrogativas do Poder Judiciário, que não são instituídas em favor de seus membros, mas em favor da sociedade; uma disposição absolutamente intransigente de lutar contra quaisquer iniciativas que busquem reduzir a autonomia e a independência do Poder. Por esta causa, por este desiderato, é que me dispus a atender ao convite do meu amigo Deputado Vieira da Cunha para comparecer aqui e dizer que o Poder Judiciário do Rio Grande do Sul permanece de pé, permanece vigilante e inconformado com toda e qualquer iniciativa que busque seu aviltamento. Não o fazemos por nós, mas pela sobrevivência do Estado de Direito.

Muito obrigado. (*palmas*)

Mediador. Pergunta formulada por Luiz de Freitas ao Desembargador Adroaldo Furtado Fabrício: "O Supremo Tribunal Federal é a mais alta Corte do País, o guardião da Constituição. Todos os seus membros são nomeados pelo Presidente da República. Recentemente, chegou-se a dizer que ministro recém-empossado no STF seria o líder do Governo naquela Corte. Não seria o caso de alterarmos esse sistema, em nome da verdadeira autonomia e independência dos Poderes?"

Des. Adroaldo Furtado Fabrício. Já tive ocasião de manifestar-me publicamente sobre o assunto, exatamente no sentido de que o sistema de nomeação dos membros do Supremo Tribunal Federal, que é uma nomeação uninominal, uma escolha absolutamente pessoal, de apenas um voto, é um sistema perverso, que não proporciona nenhuma garantia de que o Supremo se componha de acordo com os superiores interesses da Nação.

Não estou criticando os ministros "a" ou "b", nem dizendo que esse ou aquele devia, ou não devia, estar lá, nem me compete fazer isso; estou-me referindo ao sistema. O sistema é absolutamente errado e traduz uma das manifestações, que tem sido tantas vezes e tão intensamente destacadas, da supremacia do Poder Executivo.

Os ministros do Supremo Tribunal Federal, num sistema judiciário extremamente centralizado como é o do Brasil, dependem da vontade de uma pessoa só e são vitalícios desde a investidura. O sistema é absolutamente errado. Não tenho nenhuma fórmula pronta para propor em lugar dessa, mas não me convenço, de modo algum, de que essa seja uma boa solução.

Mediador. A seguinte pergunta é formulada por Maximiliano José Limbacker e dirigida ao Desembargador Adroaldo Furtado Fabrício "O estado de exceção, quando ameaçado, simplesmente cassa, de frente, a competência do Judiciário. O atual Governo o faz de maneira insidiosa, por meio de revisão constitucional ilegítima. No seu entender, qual a diferença quanto aos efeitos entre as duas manobras?"

Des. Adroaldo Furtado Fabrício. A diferença é a hipocrisia. Em todo o caso, estamos em situação melhor do que a de alguns vizinhos sul-americanos. Recentemente, tivemos aqui em Porto Alegre, na Escola Superior da Magistratura, uma conferência do respeitado jurista argentino Prof. Zafaroni, ocasião em que ele lembrava o fato de haver o Presidente da República Argentina quase duplicado o número de membros da Suprema Corte de lá e nomeado para os novos cargos gente sua, inclusive dois juristas da obscura Província de La Rioja, que ninguém sabia que existiam, nem quem eram.

Em outra república vizinha, o Chefe do Poder Executivo cassou, com a conivência de um Congresso submisso, a titularidade de alguns ministros da Suprema Corte. Um deles não foi preciso cassar porque morreu na invasão da Embaixada japonesa - por sinal, foi o único refém morto.

Felizmente, acredito que aqui no Brasil estejamos ainda muito longe disso. Agora, no que diz respeito aos resultados a que pode chegar uma fujimorização branca, ainda que branca, eles não são muito diferentes dos que esse tipo de procedimento pode produzir. Por isso, repito, a fundamental e mais importante diferença está no grau de hipocrisia. (*palmas*)

O novo Juízo Arbitral como alternativa à jurisdição*

Eminentes componentes da Mesa, distinta platéia, eu gostaria de começar repetindo alguma coisa que já tenho dito em outras oportunidades a propósito da ainda recente Lei nº 9.307, que atualmente regula o juízo arbitral entre nós.

Ela foi apresentada em muitos círculos e tem sido tratada em muitos comentários, como novidade. E, a propósito disso, eu tenho dito que é uma velha novidade. O juízo arbitral é uma instituição integrada, senão às nossas práticas de solução de litígios, porque a nossa cultura brasileira sempre foi bastante resistente a essa forma de composição dos litígios, integrada ao nosso direito positivo desde sempre. Inclusive, o juízo arbitral teve uma configuração relativamente semelhante à que agora assume na Lei nº 9.307 na versão original do Código Comercial, que é de 1850. O que eu estou querendo dizer com esta expressão "velha novidade" é que, em realidade, esta legislação dita nova a respeito de juízo arbitral, como tradicionalmente se tem denominado entre nós, existiu sempre, o que não impede, naturalmente, de se poder identificar, no desenho que lhe deu a lei nova, algumas inovações sem dúvida importantíssimas.

---

* Palestra proferida no "Curso de Atualização em Direito", PUC-RS/Instituto dos Advogados, Gramado, maio de 1997. Reconstituída a partir de gravação magnetofônica.

Fundamentalmente duas. Primeiro, quanto ao tratamento dado à chamada cláusula compromissória, que é da tradição do nosso Direito. Sempre se discutiu muito em torno dela, se ela obrigava ou não os contratantes no sentido de que os afastava da jurisdição ordinária e os obrigava a fundar o juízo arbitral. E o entendimento dominante sempre foi pela negativa, a saber, o de que a cláusula que se insere no contrato, e pela qual as partes reciprocamente se prometem que os litígios oriundos desse contrato serão solucionados mediante juízo arbitral, na verdade, era uma cláusula não-sancionada e que não obrigava, no sentido prático da palavra, aos contratantes, isto é, não excluía que algum deles preferisse, no futuro, levar à jurisdição ordinária o litígio que, porventura, viesse a promanar da relação contratual.

Então, uma das novidades reais que se acham presentes na legislação agora em vigor é o caráter obrigatório desta cláusula compromissória, e logo vamos tentar detalhar um pouco melhor em que consiste essa obrigatoriedade.

E a outra novidade, talvez a mais importante delas, a mais significativa, é o fato de que a sentença arbitral, que já não se chama mais laudo, como antes, mas agora sentença, obriga por si mesma as partes equivalendo-se em autoridade à sentença jurisdicional. Em termos práticos, no sistema anterior, o chamado laudo arbitral, que por isso mesmo não tinha e não merecia o nome de sentença, precisava ser submetido à homologação de um Juiz ordinário para adquirir força executória para equivaler-se à coisa julgada emanada da sentença propriamente dita. A partir do sistema instituído pela Lei nº 9.307, essa homologação desaparece. A manifestação dos árbitros tem, por si mesma, independentemente de homologação, a mesma autoridade das sentenças jurisdicionais.

Vamos voltar a um ponto anterior. Sei que a imensa maioria desta platéia é de estudantes e vou-me permitir, portanto, com a permissão e a tolerância daqueles a quem não estarei dizendo nada novo, começar um pouco mais de baixo.

Recordo que, historicamente, a mais primária forma de superação dos litígios seria a que denominamos autotutela, porque a composição era feita pelos próprios interessados, agindo um sobre o outro pela força, pela astúcia, pelos meios próprios de cada um, procurando proteger o seu próprio interesse. Daí, nós evoluímos para a autocomposição – ainda feita pelas próprios interessados, mas mediante atuação de desgaste recíproco das respectivas pretensões – e a seguir para as diferentes formas de heterocomposição dos litígios, que envolvem necessariamente, como elemento comum, a presença de um terceiro desinteressado, uma pessoa ou uma instituição não envolvida no litígio e que, portanto, não está, *a priori*, inclinada a favorecer qualquer dos litigantes e que assume a incumbência de dirimir a controvérsia entre os desavindos.

Essa heterocomposição, fundamentalmente, pode-se fazer por intermédio de um órgão estatal, e então nós teríamos a composição jurisdicional, ou por intermédio da atuação de particulares erigidos à condição de árbitros, isto é, de pessoas colocadas fora e acima do litígio e que, embora não integrem o organismo estatal permanente, recebem a incumbência e a autoridade para resolver a controvérsia e impor aos litigantes a sua solução dó conflito.

Poderíamos, fazendo alguma simplificação, o nosso tempo não é tão largo assim, dizer que a básica diferença entre essas duas modalidades, porque ambas são heterocompositivas, nos dois casos a composição é feita por terceiro, por alguém que não está envolvido no litígio, está em que, em uma delas, a composição estatal jurisdicional em estrito sentido é imposta aos litigantes independentemente de qualquer consenso entre eles. A não ser que nós fôssemos recuar lá para as teorias do contrato social de Rousseau, baseadas na idéia de que a própria organização da sociedade estaria assentada sobre um grande pacto entre todos os cidadãos, coisa que, na realidade, nós sabemos que não é assim que se passa; nós vamos identificar aí a verdadeira imposição da solução jurisdicional a qualquer pessoa que, pela simples razão de se achar no território jurisdicional do Estado, independentemente de ser ou não nacional dele, está submetida à autoridade desse Estado e, portanto, está submetida à jurisdição. E, querendo ou não querendo, gostando ou não gostando, submete-se a essa jurisdição e, compulsoriamente, há de submeter-se também à autoridade daquilo que for decidido. Isso é o que se passa na jurisdição propriamente dita, na jurisdição estatal.

No juízo arbitral, ao contrário, não existe este organismo com o poder intrínseco de impor aos litigantes a sua autoridade, e, portanto, a sua autoridade emana do encontro de vontades dos próprios litigantes. Os desavindos entre si convencionam, entre si estabelecem contratualmente a obrigação de se submeterem ar resultado da arbitragem, isto é, ao antigamente chamado laudo arbitral, e que hoje nós denominamos sentença arbitral.

Fechada essa breve digressão, eu gostaria, antes de quaisquer outras considerações, de manifestar que eu não tomo nenhuma das posições extremadas que se definiram em torno desta Lei nº 9.307/96. Uma das opiniões radicalizadas simplesmente rejeita a Lei, dizendo que ela quebra o monopólio estatal da jurisdição, que ela enfraquece o Poder Judiciário e que os seus autores teriam, em última análise, o propósito de debilitar o Poder Judiciário, retirando dele atribuições para transferir essas atribuições a particulares. Essa corrente costuma concluir pela inconstitucionalidade da nossa lei de arbitragem a partir da idéia de que ela teria quebrado o princípio do monopólio estatal da jurisdição e aquele outro princípio da universalidade da jurisdição, aquele princípio constitucional segundo o qual nenhuma lesão de direito pode ser subtraída ao exame judicial. Isso não é exato, a meu sentir. Essa quebra dos princípios constitucionais, seja o da universalidade da jurisdição, seja o da sua obrigatória estatalidade, não acontece. De outra banda, não me afino com aquela outra posição situada no extremo oposto, que vê, na solução arbitral definida pela Lei nº 9.307, uma espécie de panacéia, uma espécie de remédio para todos os males da litigiosidade, substitutivo universal para a solução de todos os conflitos de interesses. No fundo, essas duas posições extremadas, conquanto opostas, cometem ambas o mesmo pecado fundamental, que é o de atribuir à lei um alcance que ela, na realidade, não tem.

O que a lei pretende e pode fazer – mais do que isso ela não pode – é alcançar uma limitada classe de litígios que, presumivelmente, encontrarão solução mais satisfatória no âmbito do juízo arbitral. Seriam principalmente aqueles conflitos inter-empresariais, eventualmente conflitos internacionais para os quais não exista, como em geral não existe, uma jurisdição supranacional habilitada a decidi-los. Deixamos de lado este aspecto das relações internacionais, apesar da sua imensa importância, sobretudo aquelas situações em que a natureza técnica da controvérsia, freqüentemente mais técnica do que jurídica, recomenda uma solução a cargo não propriamente, não obrigatoriamente de juristas profissionais, de juristas de ofício, mas talvez a cargo de pessoas especializadas no assunto que se envolve na controvérsia. E vamos, desde logo, descartar a idéia de que a lei teria quebrado princípios constitucionais ao dizer que a sentença arbitral se equipara em autoridade, independentemente de homologação, à sentença jurisdicional, sobretudo porque este carimbo, que é a homologação judicial, na realidade, não acrescenta nada do ponto de vista prático ao laudo arbitral. O que se examinava nessa homologação era apenas o conjunto dos aspectos formais que envolviam o laudo e o juízo arbitral. E esses aspectos formais, extrínsecos ao litígio, continuam a poder ser examinados ou reexaminados pela jurisdição estatal por meio de ações anulatórias, que a própria Lei nº 9.307 prevê e regula.

É verdade que a dúvida quanto à constitucionalidade existe, é concreta e já se acha suscitada, inclusive perante o egrégio Supremo Tribunal Federal. Nos primeiros dias de vigência da Lei nova, o Presidente do Supremo, por via de recurso de agravo, submeteu ao Plenário da Corte uma negativa de homologação de laudo arbitral estrangeiro. O Presidente do Supremo havia negado homologação – aquela que seria necessária para o laudo arbitral valer no Brasil – pelo fundamento de não ter sido ele homologado pelo órgão jurisdicional competente no País de origem. Acontece que, precisamente por esses dias, tinha-se iniciado a vigência da Lei no 9.307, que dispensa essa homologação também para os laudos arbitrais brasileiros, e essa precisamente era a argumentação a que se apoiava o recurso interposto, o agravo que estava em julgamento. Um dos Ministros do Supremo Tribunal levantou a questão da constitucionalidade da Lei nº 9.307, portanto, repito, não é uma hipótese abstrata, realmente existe até uma argüição em concreto dessa inconstitucionalidade ainda pendente de apreciação, uma vez que o processo foi ao Ministério Público para parecer e ainda não retornou a julgamento. Então a dúvida, pelo menos razoável, nós podemos dizer que existe quanto à constitucionalidade. Quando eu digo que não vejo inconstitucionalidade, estou manifestando uma posição pessoal, que eu sei tem opositores de prestígio, inclusive.

Por que não vejo essa inconstitucionalidade? Primeiro, porque supõe-se, como a própria lei diz claramente, que se trate de matéria disponível para as partes. Ora, se existe disponibilidade quanto ao objeto da controvérsia, isso significa que as partes poderiam, sem qualquer intervenção de um desinteressado, fosse da jurisdição ou fosse de um árbitro, compor esses litígios por meio do mecanismo de autocomposição, por meio do mecanismo da negociação direta, das recíprocas concessões que se dispusessem a fazer entre si. Então, se é assim, se a matéria é disponível e só quando a matéria é disponível cabe falar-se de arbitragem não há por que identificar uma impossibilidade jurídica para o menos, quando ela não existe para o mais, que é a própria composição do litígio; não há de existir para o menos, que é o entregar a solução da controvérsia a um particular, a um órgão não-estatal, ao invés de entregá-la ao juízo do Estado.

Duas palavras sobre convenção arbitral, cláusula compromissória e compromisso, até para marcar o que há de novo também no sistema da Lei nº 9.307. Genericamente, nós poderíamos chamar de convenção arbitral aquele pacto entre as partes já desavindas, ou ainda não desavindas, mas que prevêem a possibilidade de um conflito futuro. Partem os contratantes da disposição de não submeterem à jurisdição estatal esta controvérsia presente ou virtual.

Quando se estabelece, no próprio corpo de um contrato, uma cláusula pela qual as partes se comprometem a submeter todo e qualquer litígio, portanto litígio ainda virtual, apenas previsto, ainda hipotético, a um árbitro, e não ao juiz estatal, nós temos o que se usa denominar cláusula compromissória, que vem a ser, portanto, uma das feições, uma das modalidades que pode assumir a convenção arbitral.

Pode suceder que o contrato se desenvolva, se cumpra e se finde sem qualquer litígio, e a cláusula arbitral não terá chegado a operar qualquer efeito, porque a hipótese nela contemplada não chegou a se tornar realidade. Mas, se ocorrer efetivamente um litígio, uma desavença, um desacerto entre os contratantes relativo à matéria contemplada no contrato, nós teríamos, então, aí, um momento de identificação da diferença básica entre os dois sistemas.

No antigo sistema, anterior à Lei nº 9.307, não se dispunha de qualquer mecanismo para uma das partes compelir a outra ao juízo arbitral. Isso significa que as partes permaneciam livres para ajuizar perante o Juiz estatal o conflito, desprezando, desconsiderando a existência da cláusula arbitral. Essa cláusula funcionaria no máximo como uma promessa de contratar e, eventualmente, no plano da responsabilidade contratual, poderia até acontecer que a parte que quebrasse esse pacto, que era uma das variedades do chamado pacto *de non petendo*, um contrato no sentido de não levar a juízo o litígio, se uma das partes, um dos contratantes se considerasse de algum modo lesado pelo fato do descumprimento desta promessa de contratar, poderia ir buscar a indenização a que porventura fizesse jus. Mas nada mais do que isso. Quer dizer, não havia um mecanismo que permitisse tornar efetivo e obrigatório aquele dever de submeter o litígio ao árbitro, e não ao Juiz. Hoje, esse mecanismo existe. A cláusula compromissória, aquela que se contém lá no contrato, evoluirá pelo novo consenso das partes para o contrato de compromisso, que é aquele que efetivamente constitui o juízo arbitral, ou não vai evoluir para este novo consenso. Pode suceder que uma das partes se recuse, se negue a submeter-se ao juízo arbitral, apesar do compromisso contido na cláusula. A grande novidade, neste particular, da Lei nº 9.307 é que se outorga nessa hipótese ao outro contratante uma ação específica para compelir o contratante renitente a submeter-se ao juízo arbitral.

Então, se o meu parceiro de contrato recusa-se, apesar da cláusula compromissória, a submeter-se ao juízo arbitral que eu me proponho instituir, eu posso ir ao juízo estatal não para ajuizar o litígio principal, o litígio subjacente, mas para pedir ao Juiz que o outro contratante seja compelido a submeter-se ao juízo arbitral. Essa ação específica é extremamente sumária no seu rito, pelo menos no rito de primeiro grau, já que o legislador esqueceu de regular os aspectos relacionados com o recurso, a não ser para dizer que a apelação não terá efeito suspensivo. Mas, no mais, o recurso de apelação ficou submetido à sistemática geral, e isso é ruim, porque destrói aquela busca imediata de uma certeza final sobre o litígio, que é, afinal de contas, a razão de ser do juízo arbitral. Como quer que seja, essa ação é utilizada para chamar a juízo o outro contratante não para ser discutido perante o juízo do Estado o litígio em si, mas para que o Juiz emita uma sentença que vai fazer as vezes do compromisso. Estamos procurando mostrar a diferença, de um lado, entre o sistema anterior e o sistema atual, e de outro lado a diferença que existe, independentemente do sistema legal considerado, entre os dois momentos de constituição do juízo arbitral.

Existe um primeiro momento, aquele em que, no próprio corpo do contrato, os contratantes estabelecem a recíproca obrigação de se submeterem ao juízo arbitral a propósito de qualquer litígio que venha a ocorrer relacionado com o objeto desse contrato. Esse é o primeiro momento, é ainda uma espécie de carta de intenções, porque o litígio nem sequer existe. Quando o litígio sobrevém, chega o momento de se firmar o compromisso propriamente dito, que é o ato constitutivo do juízo arbitral. Aí, então, escolhe-se o árbitro, definem-se as regras da arbitragem, que podem ser as nacionais ou outras, que podem ser institucionais de uma determinada entidade especializada, ou que podem ser eventualmente até as do Direito de algum outro País que não o nacional. Esse é o chamado contrato de compromisso ou simplesmente compromisso. O que temos de realmente novo quanto a essa particularidade é a exigibilidade em juízo da cláusula compromissória. Anteriormente, não existia essa exigibilidade; hoje, ela pode ser, por assim dizer, cobrada quanto ao seu cumprimento perante o Juiz estatal.

Uma observação talvez seja conveniente ainda fazer. Em determinadas circunstâncias, pode suceder que o objeto da cláusula compromissória e do compromisso propriamente dito se fundam em um só momento. Isso acontece, por exemplo, quando a cláusula compromissória, aquela que está inserta no corpo do contrato, já contém todos, absolutamente todos os elementos para a composição do juízo arbitral, inclusive quanto à identificação de quem vai atuar como árbitro: de qual a pessoa ou quais as pessoas, de quais as normas que vão reger, do ponto de vista procedimental, a arbitragem; de qual o Direito aplicado; se o Juízo é de Direito ou de eqüidade, o que também depende da vontade das partes. Se tudo isso estiver minuciosamente regulado na cláusula compromissória, ela própria já é um contrato de compromisso e não precisa mais de complementação. O juízo arbitral está já, por assim dizer, preconstituído à espera de que o litígio surja. Mas isso não é o mais comum. O mais freqüente é que a cláusula compromissória apenas defina a disposição das partes de submeterem qualquer eventual conflito ao juízo arbitral, e não ao juízo estatal.

Uma outra situação em que o objeto da cláusula compromissória e o do compromisso se reúnem em um ato único é aquela hipótese em que o contrato nada prevê sobre a instituição de arbitragem, e as partes, posteriormente, diante do litígio concreto já surgido, resolvem, apesar de não haver previsão anterior nesse sentido, submetê-lo, mediante convenção arbitral, a essa modalidade de composição. Aí temos uma convenção arbitral, que nós poderíamos denominar de pós-contratual, porque independentemente de previsão anterior no contrato, por hipótese inexistente, as partes estabelecem a obrigação recíproca de submeter-se ao juízo arbitral e, desde logo, o constituem, definindo todos os pressupostos de funcionamento deste juízo arbitral, inclusive a identificação das pessoas que deverão funcionar como árbitros.

Do ponto de vista do que se passa quanto à eventual submissão de um litígio nessas condições ao juízo ordinário, isto é, ao juízo estatal, o que nós podemos identificar aí é um pressuposto processual negativo. Quer dizer, se existe o compromisso de submeter a causa ao juízo arbitral, aquele que for chamado ao juízo estatal, for chamado perante a jurisdição ordinária, poderá invocar a existência desse contrato de compromisso para eximir-se da jurisdição estatal. Mas precisa alegá-lo, porque esse compromisso, segundo a doutrina tem entendido, é renunciável também ele. Isso significa que, se uma das partes, um dos contratantes, ao invés da constituição do juízo arbitral, procurou desde logo o juízo estatal, esta parte está renunciando ao compromisso. Ora, se a outra parte comparece e aceita a jurisdição estatal sem nada alegar, também ela estará renunciando, e o compromisso estará desfeito por um consenso tácito entre os litigantes. Esse pressuposto processual negativo, portanto, só vai operar se invocado pelo réu o compromisso como impeditivo da atuação da jurisdição estatal.

A sentença arbitral, que agora tem este nome, como da sentença tem, de resto, a eficácia, porque produz a mesma coisa julgada que a sentença estatal produziria, é irrecorrível. Ao contrário do que, em regra, acontece na jurisdição estatal, no juízo arbitral que eu, pessoalmente, evito chamar de jurisdição, porque acho que não é, continuo achando que a jurisdição propriamente dita é monopólio do Estado, esta é uma forma alternativa, uma das muitas que têm sido propostas, uma das muitas formas alternativas de composição dos litígios funcionando em regime de instância única a sentença arbitral adquire, tão logo promulgada, plena executoriedade. Não tem que esperar o prazo recursal pela razão singela de que não há recurso.

Andou-se perguntando se isso não daria à sentença arbitral uma situação até de supremacia em relação à sentença jurisdicional, porque esta, mesmo transitada em julgado, pode, ainda, em determinadas hipóteses, e dentro de um determinado prazo que a lei de processo estabelece, ser rescindida. E a sentença arbitral não é rescindível. Não vejo que haja aí uma anomalia que possa ser caracterizada, como alguns dizem, como uma deformação do sistema. Acontece que a rescindibilidade é uma excepcional licença que o sistema jurídico concede para o desfazimento da coisa julgada. A regra, a norma, o comum é que a sentença transitada em julgado não possa mais ser, de modo algum, desfeita. Excepcionalmente, dadas determinadas circunstâncias também excepcionais, o sistema admite o desfazimento da autoridade da coisa julgada pela via da rescisão.

O que se fez em relação à sentença arbitral? Consideradas as inspirações, a própria razão de ser do juízo arbitral, que é a busca de uma solução mais expedita, mais rápida, mais simplificada, menos formal para os litígios, ainda que talvez menos garantida do ponto de vista da segurança jurídica, não seria razoável que se instituísse um sistema de impugnações que poderia retardar e até frustrar esses objetivos pretendidos. E menos razoável ainda seria que se estabelecesse a rescindibilidade dessa sentença, porque, em última análise, isso importaria em reconduzir ao sistema estatal de jurisdição, com a perda de todas as vantagens que o mecanismo da arbitragem pudesse oferecer.

O que pode acontecer e está previsto é a propositura de ação ulterior perante os órgãos jurisdicionais do Estado para invalidar a sentença arbitral. Seja por vícios ocorridos anteriormente ao juízo arbitral (por exemplo, o próprio contrato de compromisso, por alguma razão era inválido), por vícios ocorridos no curso do juízo arbitral (quando, eventualmente, suponhamos, o princípio do contraditório tenha sido atropelado no curso do juízo arbitral), ou quando a própria sentença arbitral, por um vício seu, interno, seja passível de uma declaração de nulidade. Mas isso não é rescisão, também não é, a rigor, anulação, é declaração de nulidade, ou do compromisso, ou do juízo arbitral, ou da sentença arbitral.

Poderíamos estender essas observações quanto à validade do juízo e da sentença arbitral a uma discussão que se pode travar no próprio âmbito daquela ação do art. 7º em que um dos contraentes chama o outro a juízo para forçá-lo a constituir o juízo arbitral. É claro que, nessa fase, entre outras alegações, o réu, vamos chamá-lo assim, dessa ação especialíssima pode comparecer para dizer que não há contrato de compromisso nenhum, ou contrato de compromisso existente é nulo por uma ou por outra razão. Então, esta discussão sobre a existência e validade pode, na realidade, antecipar-se à própria instauração do juízo arbitral e, ocasionalmente, pode acarretar uma demora na solução do litígio, porque, em última análise, nós recaímos no sistema jurisdicional clássico. Claro, com a vantagem de que o procedimento é extremamente sumário, extremamente abreviado, mas sem esquecermos o que já ficou referido sobre a apelação nesta ação especialíssima, que não está excluída, assim como não estão excluídos os demais recursos, por exemplo, especial ou extraordinário. Por isso, a discussão sobre se vai-se ou não constituir o juízo arbitral, pode ir não só a um tribunal de 2º grau, mas pode ir, eventualmente, ao Superior Tribunal de Justiça ou ao Supremo Tribunal Federal.

Essa é uma brecha do sistema que, acredito, não haveria modo de obviar, uma vez que a sistemática recursal existente baseia-se em princípios e regras constitucionais. É claro que há muito a dizer, mas o tempo urge. Eu apenas gostaria de acrescentar duas considerações de ordem final e conclusiva.

Primeira: o juízo arbitral enfrenta uma imensa dificuldade de aceitação entre nós por razões de ordem cultural. Nós não temos o hábito, nós não temos a cultura da arbitragem. Vamos lembrar o Tribunal Arbitral do MERCOSUL, que nem é um tribunal arbitral *ad hoc*, é um tribunal semipermanente, porque o corpo de árbitros está constituído, cada um dos quatro Estados participantes do Tratado de Assunção indicou os seus dez árbitros permanentes, e, dentro desse corpo arbitral, vão ser escolhidos, para cada litígio, os que vão efetivamente atuar. Então, é um tribunal arbitral semipermanente. E as relações internacionais, em regra, oferecem um campo mais propício do que as relações de direito interno para a arbitragem pela razão mesma de não existir um órgão supranacional que possa impor jurisdição também supranacional. Talvez tenhamos de evoluir para isso um dia, provavelmente o nosso caminho do futuro seja um caminho muito parecido com o das comunidades européias, que têm lá o seu Tribunal Supranacional de Luxemburgo, mas, por ora, não temos isso, temos apenas um mecanismo de arbitragem – e ele não está funcionando. A quantidade de litígios levada a este juízo arbitral internacional é absolutamente insignificante, muito próxima de zero. Então, isso confirma a escassa disposição cultural que nós, sulamericanos em geral e eu iria até um pouco mais longe, diria nós, descendentes da cultura latina, temos para esta solução, para este equivalente jurisdicional que é a arbitragem. Sou, portanto, bastante cético em relação ao progresso que poderá fazer entre nós a utilização efetiva da arbitragem, apesar dos estímulos oferecidos pelos mecanismos contidos na lei nova.

A outra consideração que eu gostaria de fazer é a de que, apesar desta dificuldade, que é fundamentalmente cultural, e que por isso mesmo exigiria um longo tempo para mudança, há alguns campos específicos em que poderá prosperar a utilização do juízo arbitral. E eu identifico esse campo principalmente nas relações inter-empresariais e na possibilidade de se instituírem tribunais arbitrais permanentes a cargo das entidades classistas. Uma federação de indústrias, uma associação comercial, uma federação de associações comerciais podem perfeitamente estruturar um organismo permanente, com regras procedimentais, inclusive, porque a lei abre espaço para isso, e com definição prévia dos árbitros e do modo da sua escolha em cada caso concreto para colocar à disposição dos seus associados. Penso ser esse o caminho pelo qual há uma probabilidade maior de progresso da arbitragem. Seria esse o campo que nós poderíamos chamar da arbitragem institucional.

Já excedi o tempo que me havia sido concedido, pelo que peço desculpas, e estou passando a palavra a um usuário mais competente dela, certamente, que será o outro painelista desta tarde, o Des. Sérgio Müller. Obrigado.

O juiz do Século XXI*

Ao entregar a cada um dos senhores sua identificação funcional, estou também, simbolicamente, dando-lhes entrada a uma das tarefas, a uma das missões certamente mais nobres, e também uma das mais difíceis a que o ser humano se pode abalançar.

Desejei individualmente a cada um, à medida que aqui desfilaram para receber este documento, boa sorte e o fiz de todo coração. Devo agora acrescentar que todos nós precisamos de muita sorte nesta missão, também muita sorte além de muito empenho e espírito público. Mas é claro que a sorte a gente pode construir.

Muitas das dificuldades que os senhores já venceram – as provas do concurso, a própria decisão de ser Juiz, o estágio que estamos agora concluindo – de um certo modo nos atestam a qualificação que cada um de vocês tem para o exercício da função, e isso nos tranqüiliza quanto ao desempenho que podemos esperar desta nova turma de Juízes. Os senhores estão assumindo em um momento particularmente difícil para o Estado, para o País, e acho que não há nenhuma impropriedade em dizer para o mundo em que todos nós vivemos. Parece que a chamada civilização ocidental, que é a nossa - ainda que não a tenhamos necessariamente escolhido, é a nossa -, está em uma encruzilhada decisiva, em um momento crítico no sentido de que é uma encruzilhada

---

* Saudação a uma turma de novos Juízes, Escola Superior da Magistratura, 21 de julho de 1997 (texto reconstituído a partir de apanhado taquigráfico).

que pode nos conduzir a um grande renascimento, assim como também nos pode conduzir ao centro mesmo do fracasso.

A revolução tecnológica da terceira onda, como tem sido chamada, encurtou as distancias, reduziu as dificuldades de comunicação entre as pessoas, permitindo que nós, a qualquer momento, conversemos com uma pessoa que esteja no outro extremo do orbe, um antípoda nosso que esteja, por exemplo, em Tóquio ou Catai, sem qualquer dificuldade ou restrição. E isso nos cria um certa ilusão de onipotência, que nós precisamos combater. A tecnologia com a qual nos habituamos a conviver e que nos proporciona uma imensa gama de vantagens e de facilidades não resolve todos os problemas, principalmente não resolve os problemas do convívio humano.

Qualquer um de nós pode falar com uma pessoa hospedada no Hotel Hilton, em Tóquio, suponhamos, a qualquer momento, mas qualquer um de nós terá uma dificuldade muito grande em falar com um dos nossos irmãos brasileiros, que talvez esteja a uma curta distância geográfica, mas pode estar a uma gigantesca distancia cultural, econômica e social.

Então, não nos deixemos empolgar em demasia pela tão falada terceira onda, e, principalmente, acho importante que nós tenhamos sempre presente uma realidade que pode ser o foco de muitos problemas para os nossos próximos anos: o fato de que as ciências do homem e as ciências do convívio humano não progrediram com a mesma velocidade e com o mesmo ritmo constantemente ascensional da tecnologia dos nossos tempos. Esse é um descompasso perigoso, gerador de conflitos, gerador de tensões e de dificuldades de convivência.

E é com isto que nós temos de nos habituar: com a idéia de que nós, Juízes, trabalhamos com o conflito. Todos precisamos estar preparados, inclusive, para o desgaste que representa lidar diuturnamente, profissionalmente, um dia depois do outro, uma hora depois da outra, com as coisas que não deram certo.

O Foro é uma espécie de hospital de almas. Ninguém vem a nós por estar feliz. As pessoas que chegam ao Foro lá estão porque, de algum modo, se desajustaram no convívio social, ou porque, em relação a elas, alguma coisa não funcionou bem: a sua conduta, a conduta alheia, algum negócio, alguma tratativa, algum empreendimento qualquer que, por assim dizer, encalhou e frustrou-se na impossibilidade decorrente de um conflito, de uma tensão que se desatou em litígio.

É com isso que nós temos que trabalhar todos os dias e, em grande parte, é por isso também que nós precisamos aceitar de antemão a idéia de que o Juiz não é uma figura popular, capaz de agradar a todos. De vez em quando se ouve que o Juiz precisa sair do seu castelo, precisa abandonar a sua torre de marfim e se aproximar mais do povo. É verdade. O Juiz moderno não é aquele Juiz de torre de marfim, aquela pessoa distanciada da sociedade e preocupada em preservar-se em relação às outras pessoas. O Juiz moderno, o Juiz do século XXI, que é o que vocês precisam ser, é um Juiz que vai para a rua, é um Juiz que convive, é um Juiz que busca acompanhar as mutações sociais, mas mantendo presente sempre a consciência de ser uma pessoa especial, no sentido de que tem que se colocar como um modelo diferenciado, do ponto de vista ético, do ponto de vista daquilo que a sociedade cobra e tem o direito de cobrar dele; uma pessoa diferenciada, uma pessoa colocada alguns pontos acima da média da humanidade. Porque isso faz parte da tarefa do Juiz, faz parte do seu compromisso e, sem dúvida, é uma fração inseparável daquilo que todos esperam ver na figura do magistrado.

O Juiz, por outro lado, repito, não tem o direito de esperar ser popular e agradável. Qualquer Juiz que se candidatar a Vereador vai se dar muito mal, vai fazer uma votação ridícula. Por quê? Primeiro, porque ele trabalha com o conflito, e quem trabalha com o conflito, necessariamente, vai assumir atitudes antipáticas. Segundo, por uma questão aritmética: pelo menos cinqüenta por cento das pessoas que vão ao Foro saem frustradas porque não obtêm aquilo que pretendiam alcançar. Então, nós não devemos assumir uma posição política de dominante preocupação, nem de superioridade e de indiferença em relação a essas pequenas idéias do dia-a-dia. Também não nos podemos permitir abandonar a postura que nos diferencia, não de uma figura de pedestal, mas a posição que corresponde à dignidade da função jurisdicional. Isso precisa ser preservado.

Com uma experiência já longa de judicatura, uma experiência que já se aproxima de quatro décadas, posso informar aos novos Colegas que talvez uma das mais delicadas exigências da judicância não pertence propriamente ao campo da jurisdição do ponto de vista técnico, mas mais exatamente ao campo da convivência com o jurisdicionado: o estabelecer aquele ponto de equilíbrio entre a preservação indispensável da autoridade e, no outro extremo, a necessidade absoluta de conviver com a sociedade, de procurar compreendê-la e de evitar a posição de enclausuramento.

Depois de quase quarenta anos de exercício da judicatura, não tenho nenhuma fórmula mágica para entregar de bandeja aos Colegas que estão entrando. Penso que só com uma contínua, cuidadosa, indormida vigilância sobre si próprio é que o Juiz pode alcançar esse ponto de equilíbrio, esta percepção do momento em que deve reagir mais firmemente, quem sabe até mais rudemente, em contraste com aquelas outras situações em que ele deve procurar se igualar ao homem comum e colocar-se na situação dos jurisdicionados para melhor compreendê-los.

Os Juízes do século XXI – que são os senhores, não sou eu – o Juiz do século XXI tem que estar sempre ao lado do jurisdicionado, mas sem perder a perspectiva do que o diferencia do mesmo jurisdicionado.

Exatamente esse é o grande desafio que se propõe aos senhores, e que se torna particularmente agudo, penso eu, em um momento que, como eu já referi, é crítico, é uma encruzilhada decisiva para o futuro das nossas instituições, da nossa cultura da nossa civilização, do nosso mundo. Nós precisamos tomar consciência plena de que o nosso compromisso não é só o de procurar conhecer o Direito o melhor que pudermos e aplicá-lo com a maior exatidão possível. Nosso compromisso vai muito além disso. Nós somos homens públicos, e o compromisso do homem público é hoje ser melhor do que ontem, buscar sempre, constantemente, incessantemente, forças para engrandecer a sua missão com novas conquistas. Não nos é permitido, ao homem público não é permitido, deitar-se sobre os louros conquistados. O leão que nós matamos ontem não vale mais hoje. É preciso matar hoje mais um, ou se possível mais dois.

Penso que esta percepção, esta visão, este compromisso que o Juiz precisa assumir como homem público, e não apenas como um técnico do Direito, é a chave para um desempenho da missão judicante que, pelo menos, se aproxime daquilo que poderia ser o ideal. Nenhum de nós vai chegar à perfeição, mas nós temos que tomar aquela atitude mental da pessoa que contempla uma estrela distante: sabe que nunca vai chegar lá, mas sabe, também, que pode continuamente aproximar-se dela.

Não lhes estou a mostrar um caminho muito florido, não seria honesto fazê-lo. A tarefa é de sacrifício, é de imensa exigência em termos de dedicação, de esforço e de contínuo aprimoramento, mas eu também posso assegurar-lhes que é, com toda a certeza, uma das atividades humanas que potencialmente contém o maior grau de realização pessoal, de consciência de haver contribuído para que o ser humano se torne melhor do que ele é.

Desejo, muito sinceramente, em meu nome e em nome da Administração do Poder Judiciário, que essas verdades extremamente singelas possam ser compreendidas e absorvidas por todos e cada um dos novos Colegas; que possam todos levar para as suas comarcas esta compreensão, esta consciência da necessidade de constante aprimoramento e da importância da função que lhes está reservada. Lembro de haver dito uma vez que o Juiz é humilde e altivo. O Juiz é humilde na consciência de que precisa constantemente aprender, é humilde na compreensão de que tem que estar sempre pronto a ser convencido. O mais temível dos Juízes e o pior dos Juízes seria aquele Juiz que não pudesse ser convencido, porque esse não é Juiz. O Juiz tem que estar aberto. O Juiz, trabalhando com o contraditório, com a necessidade de ouvir sempre as duas verdades para justapô-las e daí extrair uma verdade menos imperfeita, para poder realizar esse trabalho, tem que ter a humildade de compreender que o seu espírito deve estar disponível, deve estar livre de preconceitos e de idéias definitivas. Mas precisa ser também altivo. Precisa ser altivo no sentido de defender, a todo custo, em qualquer circunstância, a dignidade da função jurisdicional e a intangibilidade da sua independência.

Boa sorte!

As novas necessidades do Processo Civil e os poderes do Juiz*

Os mais importantes e desafiadores problemas que se propõem ao jurista de nossos dias decorrem da massificação. As relações de troca intensificaram-se; populações inteiras, antes postas à margem do comércio jurídico, entraram a participar dele; democratizou-se o capital pela abertura dos mercados acionários; universalizou-se a demanda de consumo sob o estímulo irresistível da propaganda massiva; multiplicou-se a produção de bens e de serviços para corresponder a essa demanda incessantemente expandida; produtos de cuja existência nem sequer se poderia ter cogitado no limiar deste século tornaram-se imprescindíveis à vida do homem comum, pelo mecanismo conhecido das necessidades criadas, popularizou-se o crédito a fim de garantir-se a constante expansão da massa consumidora; as relações de trabalho multiplicaram-se e se fazem a cada dia mais complexas e conflituosas; a mecanização e agora a automação conduzem à sempre crescente terceirização da economia. De outra banda, a superpopulação reduz o espaço físico à disposição de cada indivíduo, intensificando atritos, neurotizando o convívio e favorecendo litígios: a luta pelo espaço vital vai deixando de ser simples metáfora para tornar-se a realidade do dia-a-dia; a

---

* Conferência proferida na Faculdade de Direito da Universidade Federal de Minas Gerais em setembro de 1992, na programação comemorativa ao centenário da mesma Escola.

competição entre indivíduos e grupos toma cores de guerra sem quartel; a máquina onipresente e multímoda atropela, acidenta, danifica, fere e mata em proporções assustadoras, sem que a possamos dispensar ou sequer controlar; a inquietação e a desigualdade sociais produzem as mais variadas rebeldias e o repúdio a todas as normas de contenção; a conscientização política desvenda os mal-afortunados e os incorpora à multidão dos insatisfeitos e reivindicantes. De tudo resulta o afluxo contínuo de levas cada vez maiores de participantes da atividade jurídica. Não é só a população que aumenta; é o grau de participação de cada indivíduo nos assuntos coletivos que cresce mais e mais.

Enquanto isso, os grandes lineamentos do Direito Processual Civil, seus institutos basilares e seus conceitos fundamentais permanecem estáticos, como que indiferentes a essa profunda transformação da realidade social. Aqui e ali, tímidas adaptações procuram compatibilizar esquemas obsoletos com as novas necessidades, mas sem impedir a aproximação inexorável do colapso que só uma revolução igualmente profunda pode obstar. Quando o agigantamento do usuário faz romper o tecido e rebentar as costuras, já não é o caso para remendos ou ajustes: a roupa toda tem de ser substituída.

Amostra exemplar dessa inadequação pode ser encontrada no conceito de legitimação para a causa. Formulado ao tempo em que a imensa maioria das populações vivia à margem do intercâmbio jurídico, porque o Direito era assunto *for gentlemen only* (exceto o Penal, naturalmente), esse conceito pressupunha um conflito entre iguais, um enfrentamento envolvendo indivíduos dotados, *grosso modo*, de idênticos recursos e oportunidades. A própria lide carneluttiana, em sua formulação original, supunha essa paridade e sugeria um processo de feição claramente duelística. Esse modelo sem dúvida serviu ao seu tempo, e não estamos a afirmar que ele seja hoje imprestável e deva ser lançado ao lixo da História; sustentamos, sim, que ele, mesmo servindo, ainda hoje, à solução dos conflitos para os quais foi concebido e que continuam a ocorrer, é claramente insuficiente para acolher o dado novo dos contenciosos de massa, da litigiosidade dos grandes grupos e da necessidade de tutela dos interesses difusos. Um litisconsórcio constituído nos moldes tradicionais poderia servir, embora mal, a um certo número de casos em que as pessoas afetadas sejam muitas, mas determináveis. A operacionalidade e a efetividade do processo perdem muito em uma litisconsorciação multitudinária, mas o processo é ainda factível. O que o impossibilita de todo é a situação, nada rara, nas contingências atuais do convívio humano, em que a identidade e até a quantidade das pessoas potencialmente legitimadas são, mais do que indeterminadas, indetermináveis. Não se há de esperar que a comunidade incontável dos lesados, *verbi grafia*, pelo uso de um medicamento ou alimento mal formulado – como no caso da talidomida, para usar-se um exemplo nem tão recente –, venha a manifestar por um a um de seus indivíduos componentes a pretensão indenizatória. Isso significaria, com efeito, a inviabilização desta pelo menos para a imensa maioria da dispersa e vaga coletividade interessada.

Essa é, de resto, apenas uma das faces do problema. Há mais a imensa dificuldade de acesso individual dos lesados, em regra pobres, humildes e desinformados, aos órgãos jurisdicionais. E, mesmo para os que superem essas limitações e cheguem a colocar à face do juiz a sua queixa, resta a monumental e desanimadora diferença de forças, meios e recursos que separa o litigante eventual do habitual. Aquele vai a Juízo, talvez, uma ou duas vezes ao longo de toda a sua vida, nada sabe das coisas da Justiça; seu nível de informação sobre a máquina judiciária, com o imponente complexo de juizados, cartórios, advogados, é praticamente nulo. Este outro, o litigante habitual, bem ao contrário, está permanentemente à barra dos pretórios e tem com eles a maior intimidade. Tem a seu favor a experiência acumulada dos litígios passados e a preparação sempre mais aprimorada para os futuros, o "saber de experiências feito", os quadros próprios e eficientes de assessoria jurídica e procuratório judicial; está mais bem-aparelhado à produção de provas do seu interesse; mais facilmente captará a simpatia do poder político, do econômico e da mídia – vantagens extraprocessuais estas últimas, sem dúvida, mas cuja importância seria ingênuo negligenciar.

Considerados, pois, os contenciosos de massa, torna-se imperioso – como princípio e não como exceção – o reconhecimento de legitimação aos chamados corpos sociais intermediários. Aí se haverão de incluir os sindicatos, as associações, os organismos de defesa de interesses coletivos em geral. A legitimação do Ministério Público, para muitos gêneros, será complemento indispensável. Tal é o caminho que a legislação nacional vem trilhando, timidamente a princípio, com mais desenvoltura a seguir e quase com desassombro nos últimos tempos. Da ação popular à ação civil pública; daí para as ações coletivas da Constituição de 1988 e finalmente para os remédios corajosamente radicais do Código de Defesa do Consumidor, o que se pode observar é um *crescendo* de reforço à representatividade e *legitimatio* dos corpos intermediários. Aqui, como em tudo, a união faz a força. A associação se impõe pelo número, é politicamente respeitada e socialmente prestigiada; não precisa temer as represálias e discriminações punitivas a que está irremediavelmente exposto o indivíduo. Isolado, este facilmente será esmagado, e outro consolo não terá senão o que lhe reconheceu Pascal, como atributo de sua racionalidade: o de saber que está sendo esmagado. Somando forças a seus pares na organização coletiva que por todos postula em Juízo, ele ao mesmo tempo se dilui e se agiganta: despido de sua identidade individual, nada precisa temer; unido seu débil regato à torrente dos interesses comuns, pode igualar-se em poderio ao oponente.

O que se segue a essa radical revisão do conceito de legitimação para a causa é em grande medida conseqüência dela. Assim, a extensão subjetiva da coisa julgada *ultra partes* e até mesmo *erga omnes*, consagrada pela legislação protectiva do consumidor e intimamente ligada àquela abertura do conceito de *legitimatio*, por idênticas que são as matrizes lógica e ideológica. Alterações de igual profundidade na distribuição do ônus da prova, operada pelo mesmo diploma legal regulador das relações de consumo, só se tornam possíveis a partir da obliteração dos últimos resíduos da concepção duelística do processo. Com efeito, somente desde o momento em que se admite, com clareza e determinação, a desigualdade entre os litigantes, pode-se conceber a introdução de mecanismos de compensação como esse da inversão do encargo probatório, destinado a restabelecer o nivelamento e, em última análise, garantir um verdadeiro acesso à Justiça, muito mais do que um formal acesso ao processo. A norma "prova quem alega" é perfeitamente adequada ao processo civil de feição tradicional, onde os pares se enfrentam em pé de igualdade. Não serve para o litígio em que, pela natureza mesma da relação controvertida, ou pela qualidade das pessoas nela envolvidas, um dos litigantes não apenas se apresenta inferiorizado sob outros aspectos, mas vê em poder do antagonista e fora do seu alcance os meios com que poderia demonstrar o fato constitutivo do seu direito.

Essa enorme transformação no papel das partes no processo forçosamente há de encontrar correspondência em um incremento acentuado dos poderes do juiz, cujo papel há de ser tanto mais ativo quanto menos "duelístico" for o processo. À debilitação do princípio dispositivo há de somar-se o correlato acréscimo de inquisitoriedade. Claro está, a dosagem dos meios de reequilíbrio entre litigantes desiguais tem de ser criteriosamente arbitrada e administrada, pois o que se objetiva é suprimir a desigualdade, e não invertê-la. E esse cuidadoso sopeso dos dados só se pode fazer com bons resultados caso a caso, liberado o juiz das fórmulas intratáveis e embaraçadoras do processo tradicional. Se é certo que o juiz não pode ser investido da curatela de uma das partes, caso em que assumiria ele mesmo comportamento de parte, não é menos verdade que a lei terá de armá-lo, em consonância à nova premissa introduzida, de autoridade necessária à busca da justa composição, muito particularmente no campo delicado do direito probatório – onde, aliás, os próprios códigos contemporâneos de processo vêm abrindo flanco cada vez mais largo à iniciativa judicial.

Disso dá exemplo excelente o tantas vezes citado Código de Defesa do Consumidor, em seu art. 6.º, VIII, quando assegura a este, *ipsis litteris*, "a facilitação de defesa de seus direitos, inclusive com a inversão do ônus da prova, a seu favor, no processo civil, quando, a critério do juiz, for verossímil a alegação ou quando for ele hipossuficiente, segundo as regras ordinárias de experiência".

Importa muito anotar, no texto legal citado, a reiterada ênfase posta no assim chamado "critério do juiz". Primeiro, não se trata de inversão da carga da prova *ope legis*, mas *ope iudicis*, aí estando localizada a inovação relevante no âmbito deste estudo. As inversões diretamente decorrentes da lei não constituem novidade, pois outra coisa não ocorre nos tantos casos de presunção *iuris tantum*. Aqui, é nos limites e coordenadas de cada caso concreto, segundo suas específicas peculiaridades, que o juiz decidirá se inverte ou não o encargo. E essa vital decisão, que poderá ser a mais importante do processo, porque em mais de um caso determinará inescapavelmente o rumo da sentença de mérito, é entregue por inteiro ao critério judicial, pois os marcos referenciais que o mesmo texto normativo oferece pouco ou nada têm de objetivos e correspondem a *conceitos semanticamente anêmicos*, quais sejam a "verossimilhança" do alegado, a "hipossuficiência" do alegante e as "regras ordinárias de experiência".

Esse exemplo deveras ilustrativo sem dúvida traduz e demonstra com clareza a inclinação do processo civil moderno, com respeito aos contenciosos de massa. A tendência é no sentido de depressão do princípio dispositivo e incremento dos poderes do juiz na condução do processo. E assim é que efetivamente deve ser. Como ponderou Galeno Lacerda em um de seus lapidares escritos, visto que processo é instrumento, essa instrumentalidade implica a indispensável versatilidade. A caneta é instrumento adequado para escrever sobre papel, mas de todo imprestável para gravar em bronze. Assim também o processo civil tradicional, de feição acentuadamente dispositivista, onde o juiz pouco mais tem a fazer do que velar pelo respeito às regras do jogo, pode ainda nos conturbados tempos que nos tocaram ter sua utilidade como instrumento de superação dos litígios *inter pares*, versando sobre matéria eminentemente obrigacional e onde não se insinue qualquer fator de desequilíbrio. Mas nenhuma utilidade terá na solução dos confrontos emanados de relações jurídicas onde a própria garantia constitucional do contraditório só pode encontrar guarida efetiva se a balança for previamente expurgada do contrapeso ou tara com que vem originalmente viciada. Como diuturnamente advertem os processualistas contemporâneos, entre cujas vozes sobressai a de Mauro Cappelletti, o que se pretende alcançar já não é só o contraditório "formal", no sentido de mera e pouco mais do que aparente oportunidade para a manifestação de uma e outra parte, mas o "contraditório substancial", efetivo, único apto a assegurar a verdadeira igualdade em Juízo. Ora, se isso é certo quando afirmado em termos gerais, tanto mais verdadeiro será quanto se trate de conflitos que, por sua natureza mesma ou pela posição das partes relativamente considerada, tendem espontaneamente a colocar um dos confrontantes em posição mais favorecida. Tem-se igualmente sublinhado, e também a esse propósito merece menção o ilustre jurista italiano, que a marca mais visível das relações jurídicas presentes no dia-a-dia da vida moderna é a multilateralidade ou plurissubjetividade. Para o trato delas, não é demasia repetir, a visão tradicional do processo civil eminentemente dispositivo é inadequada.

A atribuição de poderes mais amplos ao juiz, portanto, não representa uma simples preferência teórica ou um modismo intelectual. Ela responde a uma efetiva necessidade decorrente da transformação que o Direito experimentou como um todo nas últimas décadas, fenômeno ao qual dedicamos as primeiras palavras desta exposição. Ela corresponde, outrossim, a um paralelo e correlato debilitamento do princípio dispositivo, ou da idéia mesma de dispositividade como conceito jurídico relevante. Não é por acaso nem a despropósito que se vem falando cada vez mais de "publicização do Direito Privado", no sentido de que a carga de interesse público envolvido nas relações do Direito dito "Privado" tende a crescer constantemente. Nada há de surpreendente, pois, em que a isso tudo se faça corresponder uma impostação mais publicística do processo, inclusive do processo "civil", que na verdade é, para o nosso sistema, todo o processo não-penal. Aliás, essas considerações só se precisam fazer para amainar as resistências dos mais empedernidos civilistas, ainda saudosos dos tempos em que o Direito Processual não era mais do que uma "dependência de serviço" do correspondente ramo do Direito material, e ainda malconvencidos de que todo o Direito Processual é, intrínseca e inelutavelmente, Direito Público.

Advirta-se, a propósito, para um dado da maior importância, que de algum modo vem sendo escamoteado ou subvalorizado no trato acadêmico do Direito Processual Civil brasileiro. Apresenta-se ao estudioso mal-avisado uma simplificação da realidade já previamente filtrada, a saber, o processo construído sobre o alicerce da lide carneluttiana. Começa-se por desconsiderar que a visão européia continental, a italiana em especial, contempla um processo mais propriamente "civil" do que o nosso, porque lá a relação jurídico-material envolvida é basicamente de Direito Privado. Ordenamentos onde se praticam variadas modalidades de contencioso administrativo subtraem ao processo, que eles mais justificadamente do que nós denominam "civil", litígios envolventes de pessoas e relações de Direito Público. Quanto a nós, não temos – é muito bom que não tenhamos – nenhum contencioso administrativo e nenhum *Conseil d'État* a dividir espaço ou atribuições com a jurisdição e com seu mais alto Órgão. Sob a genérica e enganosa denominação de "processo civil" – na verdade, todo o processo não-penal, com vênia para a repetição – tratamos de conteúdos jurídico-materiais tão diversificados quão malcasados com essa palavra "civil": desapropriação, relações estatutárias de trabalho, litígios entre o Fisco e o contribuinte, constitucionalidade da lei e assim por diante. De outra banda, e em grande parte como decorrência dessa realidade, incorporamos ao nosso processo extrapenal numerosas praxes, princípios e procedimentos oriundos não daquela matriz, mas do rico e caudaloso filão angloamericano. Aí fomos buscar a ação direta de inconstitucionalidade e o próprio conceito de controle jurisdicional da constitucionalidade das leis e de outros atos normativos – ante o qual ainda se estarrecem, quando não se escandalizam, muitos juristas europeus. Daí provém a estrutura fundamental da ação popular e das ações civis públicas, cujas derivações e adaptações acham-se em pleno curso de desenvolvimento entre nós. Daí extrairemos, cedo ou tarde, ações filiadas ainda mais imediatamente ao modelo da *clãs acetino.* Essa diversidade de vertentes e a simbiose que temos a oportunidade de construir com aproveitamento daquilo que melhor convenha às nossas específicas necessidades, ainda que represente um trabalho hercúleo e talvez penoso de conciliação de conceitos e de equilíbrio entre princípios à primeira vista interexcludentes, certamente nos abre a auspiciosa perspectiva da construção de um sistema processual novo e plenamente ajustado à nossa realidade social, econômica e cultural. Mas também esse trabalho de reformulação envolve a premissa da outorga de poderes mais amplos ao condutor do processo, ao modo norte-americano, com a eliminação do que lá se denomina *over regulation,* com maior desenvoltura para o juiz na escolha de procedimentos, amoldamento destes à realidade concreta, iniciativa de atos e dispensa de formas sacramentais. Juiz contido pela camisa-de-força do formalismo rígido é Juiz que, mesmo capacitado a vislumbrar o justo, não o pode realizar. A forma não é, nessa perspectiva, *"la soeur jumelle de la liberté",* como Jhering pensou vê-la; pode ser mais facilmente a irmã gêmea da chicana, da delonga e da malícia processual, quando não da preservação de privilégios. É necessário armar-se o juiz de autoridade e instrumentos suficientes, também em matéria de forma e de rito, para ver e tratar concretamente, segundo suas peculiaridades, o caso concreto. Essa é, em parte considerável, tarefa precipuamente afeta à esfera de atribuições do legislador, mas enquanto este não se sensibiliza para o tema, nada impede que a interpretação criativa cometida aos juízes supra, não contra a lei, mas a favor dos seus fins, o hierático imobilismo e a pétrea indiferença das casas legislativas quanto aos assuntos da Justiça.

Aliás – e aqui o próprio Judiciário não se isenta de censura – a verdade é que, por tibieza ou por falta de assimilação da mentalidade nova ora enfatizada, os juízes freqüentemente se abstêm de utilizar por inteiro os poderes que o sistema legislado já lhes põe à mão.

Mui raramente se vê o juiz tomar iniciativas atinentes à produção da prova, embora seja o destinatário dela e, particularmente a esse propósito, disponha de poderes amplos. Não se têm notícias de advertência e apenação dos tantos executados cuja conduta é afrontosa à dignidade da Justiça. As sanções imponíveis ao litigante de má-fé, verdadeira "figura carimbada" dos pretórios, utilizam-se com extrema parcimônia e timidez. São muitos os magistrados que ainda consultam as partes sobre o cabimento ou não, caso a caso, do julgamento antecipado. A delimitação prévia do *thema probandum*, que sobre decorrer de imperativo legal é instrumento extremamente útil aos objetivos da economia e da operacionalidade do processo, é quase invariavelmente omitida. Os tribunais revelam escassa simpatia pela fungibilização dos procedimentos e pelas iniciativas simplificadoras – até mesmo, em muitos casos, pela simples utilização da franquia legal para a instalação de juizados de pequenas causas. Não há notícia de que em algum Estado, fora do Rio Grande do Sul, se haja dado a partida para a efetiva ampliação do sistema de juizados especiais, e em lugar algum se falou de dinamização da competência legislativa estadual em tema de Direito Processual, igualmente instituída pela Constituição Federal de 1988. Ainda são poucos os organismos judiciários estaduais que se estão beneficiando das facilidades da informatização dos serviços de apoio. De tudo se vê, pois, que o Judiciário deve, sim, reivindicar modificações simplificadoras da legislação processual no rumo necessário do incremento dos poderes do juiz, mas sem esquecer de rever suas próprias rotinas e reexaminar as potencialidades desse incremento contidas já na própria legislação vigente.

Nunca faltaram e não faltarão, por certo, críticas azedas e veementes a essa visualização da problemática jurisdicional. Muitas são as faces da neofobia. A visão do Direito como compartimento estanque da atividade humana, sem comunicação verdadeira entre o *ser* e o *dever ser*, é uma das mais ardilosas e resistentes. Toda vez que se cogita de atribuir poderes mais extensos ao juiz – sobretudo ao de primeiro grau – ou até mesmo o uso efetivo dos poderes que ele já tem, aparece algum ultraliberal em causa própria a deblaterar contra a "socialização" (como se o processo não fosse instrumento eminentemente social!) e a cassandrar sobre a temível "ditadura do Judiciário", em regra com a averbação suplementar de ser essa a pior das ditaduras. A esse argumento *ad terrorem* cabe responder, antes do mais, que ele é rigorosamente especulativo, pois não há exemplo histórico de uma ditadura de juízes. Trata-se, assim, de fantasma facilmente exorcizável. E, sendo meramente hipotética tal modalidade suposta de tirania, só se pode qualificar de leviana a comparação que dela se faça com outras ditaduras – as reais e concretas, que tivemos a infeliz oportunidade de sofrer na carne e na alma.

O apontado perigo não existe no mundo real. O que se precisa acentuar, sim, é que o acréscimo dos poderes do juiz ou do seu uso efetivo tem de ser acompanhado do proporcional crescimento de sua responsabilidade e das exigências quanto à sua qualificação. Não há razão alguma para temer os juízes. Há sobradas razões, por certo, para exigir-se do Estado que assegure ao jurisdicionado a melhor qualificação, as mais amplas garantias e os suficientes meios postos à disposição do Judiciário para o bom desempenho do seu mister. Um corpo judicial forte, bem preparado, independente, responsável e prestigiado é a garantia maior do Estado de Direito. Maior e última, porque dela dependem todas as outras. Essa, sim, é a lição da História.

Credo*

Creio com firmeza na utilidade social do Direito e no insubstituível papel civilizador da função judicante. O modismo dos doestos contra o Poder Judiciário e seus membros; a campanha misteriosamente organizada de desprestígio, ora violenta e agressiva, ora insidiosa e sub-reptícia; o desfavor até oficial a que têm sido relegadas as coisas da Justiça; a negativa ou mesmo a subtração de meios necessários ao seu funcionamento, inclusive no plano legislativo, nada disso abala minha convicção de sermos ainda, nós, os Juízes, necessários e insubstituíveis.

Creio sem vacilações que a composição jurisdicional dos litígios é o meio melhor que o espírito humano concebeu para assegurar a paz entre os homens, reprimir a conduta anti-social e buscar o delicado ponto de equilíbrio entre a liberdade e a autoridade. Não é um caminho perfeito nem fácil, é apenas e simplesmente o melhor. Assim como a democracia representativa, com todas as suas imperfeições e deformações no plano da execução prática, é ainda o menos insatisfatório dos meios de estruturar-se o poder, assim também a submissão dos conflitos interindividuais ou intergrupais à apreciação isenta e autoritativa de um órgão desinteressado é a mais eficiente forma de superação dos litígios e o mais seguro instrumento de paz social.

* Discurso de posse no Tribunal de Alçada, 13 de março de 1980 (excerto).

Imperfeito que seja o mecanismo, viciado que seja seu funcionamento por contaminantes variados e indesejáveis, a jurisdição é solução superior a qualquer outra que se haja experimentado ou sequer imaginado.

Creio com muita fé que a independência não apenas a do Poder Judiciário como instituição, mas a de cada um dos Juízes como seus membros, é o único penhor seguro da eficiência e da confiabilidade da solução jurisdicional dos conflitos. Tanto menos imperfeito será seu funcionamento quanto mais independentes, e portanto mais responsáveis os seus órgãos. Onde houver subordinação ou subserviência dos Juízes, Juízes já não haverá, mas joguetes a serviço dos poderosos da hora. A solidão do Juiz no julgamento não é apenas a sua angústia e a sua dor, mas também o seu galardão e a sua segurança.

Creio firmemente que a função jurisdicional, se exercida efetivamente sob as condições ideais de garantia que o Direito Constitucional moderno preconiza, é a mais alta e mais nobre expressão do poder estatal. Representa a mais civilizada forma de exercitar-se esse poder, porque o poder mesmo a ela se submete. Um povo se distancia da barbárie primeva na proporção em que aprimora e prestigia seus órgãos judicantes, assim como o homem-indivíduo se educa e aperfeiçoa na medida em que se torna capaz de controlar seus instintos e impulsos, submetendo-os aos ditames da razão.

Creio que o crescimento desmesurado da violência não justifica que se lhe oponha uma violência ainda maior, mais sinistra porque institucional. O apelo ao talião é irracional e regressivo, traduzindo renúncia aos valores duramente conquistados ao longo de milênios de civilização. Não aceito que o recrudescimento da selvageria urbana traduza um fracasso das instituições jurídicas; penso, bem ao contrário, que a lamentável situação de insegurança à qual chegamos é antes uma conseqüência de se haverem negligenciado aqueles valores, e não uma justificativa para o seu abandono.

Creio ainda que o presente quadro de inferiorização e desprestígio da atividade jurisdicional e de eclipse parcial do Direito é circunstancial e transitório. Quando se começa a falar de restituir ao Poder Legislativo a integralidade de suas prerrogativas, é mais do que tempo de chegarem também ao Judiciário os ventos refrescantes da abertura e de serem seus órgãos libertados não apenas do regime estatutário repressivo e vexatório que lhe foi imposto, mas do próprio autocondicionamento, para que reassumam eles próprios, com altivez e coragem, a independência que lhes corresponde.

E, porque nisso creio, posso renovar hoje, passados mais de vinte anos de minha primeira investidura judicial, o solene compromisso de bem servir à causa da Justiça, com a mesma convicção do Pretor quase imberbe de 1958. Vejo em minha consciência que não faltei ao juramento, porque mantive fidelidade à Justiça da qual disse Calamandrei: "Como todas as divindades, só se manifesta àqueles que nela crêem".

PODER JUDICIÁRIO
FLAGRANTES INSTITUCIONAIS

Discurso de posse na Presidência do Tribunal de Justiça[*]

Para honra nossa e desta Casa, aqui estamos reunidos com a mais alta representação da sociedade rio-grandense em todos os seus mais expressivos segmentos, para a celebração de um ritual de renovação e continuidade. Continuidade mais do que renovação, por certo, pois estamos aqui todos empenhados na mesma seara e preocupados com a tarefa comum de realizar a melhor Justiça possível. Colegiado onde não existem facções nem prosperam cizânias, este Tribunal de Justiça não abre espaço a transformações dramáticas na condução de seus destinos nem comporta guinadas bruscas ou grandes rasgos de originalidade na sua administração. Casa onde o Presidente não é mais do que um *primus inter pares*, a aspiração maior de seu temporário condutor será talvez a de apreender com precisão e interpretar com fidelidade o pensamento médio e o sentimento coletivo do Sodalício. Tanto mais profícua e exitosa há de ser a Administração quanto melhor corresponder às expectativas e aspirações dos representados.

Sem embargo, é também de renovação o momento. Renovação necessária, antes de tudo porque sabiamente a impõe a lei ao consagrar a transitoriedade de todos os mandatos públicos e, pois, também o dos dirigentes das Cortes judiciárias. Mas necessária, outrossim, para per-

[*] Em 3 de fevereiro de 1996.

mitir que o colegiado se presente sucessivamente por diversos de seus integrantes, traduzindo tendências diversas, por muito sutis que sejam as variações: visões de prioridades e métodos de ação com ênfases diferenciadas; peculiaridades de temperamento e de formação cuja fusão e amálgama produz a sabedoria dos colegiados. O Presidente é um delegado de seus Colegas, mas não deve e não poderia, ainda que o quisesse, impedir a emergência das suas individuais e particulares marcas, de suas idiossincrasias, preferências, virtudes, defeitos e estilo. Em certo sentido, não seria fiel ao mandato recebido se deixasse de ser, na Presidência, o mesmo juiz que foi ao longo da carreira, pois se há de presumir que o longo passado pessoal e profissional tenha sido fator decisivo para a outorga da incumbência tão honrosa. No que nos diz respeito, continuaremos, no desempenho de uma nova missão, o nosso aprendizado de juiz, que já dura quase quatro décadas e jamais se finda. E é com os Colegas que mais temos aprendido – mas aprendendo a nosso modo individual.

Seria inoportuna e pretensiosa, no contexto delineado, a fixação de metas ou plataformas. No atinente à programação de obras e aparelhamento, quase todos os projetos cogitáveis são de longa execução e se entrosam e interinfluenciam, comportando eventuais ajustes, redefinição de prioridades tópicas e revisão de políticas localizadas, mas nunca uma reformulação radical. Ainda assim, o Judiciário é um Poder, este Tribunal é o correspondente órgão de cúpula, e o seu Presidente é o Chefe do Poder. Mister se faz que se definam algumas grandes linhas orientadoras, do ponto de vista institucional e, quase que só como decorrência, sob o enfoque operacional. Pensamos que assim, mais do que de outro modo, desenha-se a fisionomia de uma administração, seu perfil político-institucional, seu caráter e personalidade. Mais, tal opção é obrigatória nas presentes circunstâncias, dada a dura intempérie que se vem abatendo sobre o Poder Judiciário, em nível nacional e em diversas esferas de atividade.

O Judiciário é um desconhecido. O princípio da boa-fé nos impõe supor que a maior massa de manifestações desprimorosas decorre da desinformação, e não da malícia. Há uma grande disposição e um notável desembaraço para opinar sobre nossos assuntos, mas quase todas as manifestações deixam transparecer o mais completo desconhecimento deles. Trataremos, pois, de dar a conhecer o que somos, o que fazemos, como atuamos, por que erramos tanto e ainda assim somos um pilar da democracia. Temos, pois, de mostrar didaticamente, pacientemente, a tipicidade e as peculiaridades dos serviços que prestamos. Nós, os juízes, não trabalhamos com hipóteses, sobre abstrações ou a partir de generalizações indutivas, mas com fatos efetivamente acontecidos, com a realidade concreta e infindavelmente multiforme da vida. O desenrolar palpitante do convívio humano, dos seus conflitos e das suas frustrações, a grandeza e a pequenez do homem (não sabia Pascal e não sabemos nós qual delas a mais assombrosa) são a matéria-prima do nosso trabalho diuturno. Não podemos, ao contrário do legislador, formular regras genéricas e abstratas, em contemplação do que vai ou pode acontecer; temos de solucionar conflitos reais, concretos, palpáveis, entre homens de carne, osso, nervos e espírito, cada qual com sua individualidade única e inconfundível. Também não podemos, e essa é outra peculiaridade sobre a qual o profano não se detém, sair em busca de situações passíveis de apreciação jurisdicional, assim como o administrador percorre o seu território a ver o que precisa ser feito. Só podemos atuar mediante provocação de interessado; não nos é dado sair à busca de litígios para resolvê-los. E mais. Diversamente do ato administrativo ou do legislativo, que podem atingir um vasto universo de pessoas, toda uma comunidade espacial, profissional ou sociológica, o ato jurisdicional restringe sua eficácia a indivíduos ou grupos perfeitamente identificados e circunscritos. Sem mais acrescentar, essas rápidas pinceladas deveriam ser suficientes para fazer compreender que o trabalho do juiz não pode ser avaliado ou ponderado segundo os mesmos critérios e parâmetros com que se sopesam as atividades dos outros poderes do Estado.

Freqüentemente nos acusam de indiferença à opinião pública e, por inferência, de alheamento à realidade social. É outro equívoco. Nenhum agente público atua mais rente à sociedade do que o juiz, pela razão mesma de que trata com pessoas individuais, e não com abstrações. Poucas profissões proporcionam conhecimento mais exato e completo do ser humano. Raras atividades propiciam percepção tão vívida e dramática da condição humana e oportunidade tão rica de irmanar-se ao semelhante.

O mito do desprezo pela opinião pública, da altiva superioridade em relação à comunidade onde atua, está muito longe de corresponder à concepção do juiz moderno. Ele vive e convive na sua comunidade. Não lhe é dado, por certo, pautar a sua conduta funcional pela opinião pública, assim como ao médico sanitarista não é possível orientar seu trabalho pelas preferências da população a que serve e ao comandante da aeronave conduzir o vôo segundo o gosto de seus passageiros. Toda tarefa técnica tem de ser tecnicamente cumprida, sem que isso signifique menosprezo às opiniões e sentimentos dos leigos. De resto, quando se fala de opinião pública, é preciso lembrar que ela nem sempre coincide, ou raramente coincide, com a *opinião publicada*, aquilo que a mídia pensa e quer que a população pense. Nem se há de aceitar como dogma que a imprensa seja o único canal possível de aproximação com a sociedade. Não é o único e nem sempre é o melhor. Assim, a opinião *publicada* diz que a sociedade não confia nem acredita nos juízes, que a magistratura é uma das instituições menos prestigiadas pelo povo. Mas o homem da rua continua a acreditar e proclamar que "ainda há juízes em Berlim", a ameaçar o mau vizinho ou o contratante desonesto de levá-lo à Justiça, a ver o magistrado como o último reduto do seu direito, quando tudo mais lhe falha. Sobre isso, não se leia o jornal; pergunte-se ao motorista do táxi, ao porteiro do edifício, ao balconista da loja. É com esses que lidamos. Não precisamos obstruir os ouvidos, à maneira de Ulisses, ao canto da sereia, se não perdermos de vista que também a sereia tem seus próprios objetivos e interesses. Isso posto, não temos, não precisamos e não queremos pingues verbas de publicidade ou numerosas e caras assessorias de imprensa.

Um dos grandes modismos temáticos da hora é o controle do Judiciário. Falácia. Rara, se houver, será a instituição, pública ou privada, submetida a tantos e tão rígidos mecanismos de controle, vigilância e autocrítica quanto o organismo judicial. Historicamente, como tem destacado o ilustre Professor e Ministro Bueno de Souza em luminosas preleções sobre a função corregedora, desde os tempos em que a outorga da Justiça era um atributo do Príncipe e só em seu nome se fazia, aos próprios monarcas dominava a preocupação de acompanhar com atenção e rigor a atividade dos delegatários, estabelecendo-se uma complexa teia de vigilâncias, reclamações, acompanhamentos e prestações de contas. Nenhuma outra instituição, em tempo algum, esteve tão preocupada em autopoliciar-se e buscar o constante aprimoramento, corrigindo desvios, aperfeiçoando rotinas e coibindo abusos. Tanto isso é certo que muitos outros organismos públicos absorveram o modelo e instituíram corregedorias em tudo e por tudo semelhantes àquela originalmente criada no seio do Poder Judiciário: assim, o Ministério Público, os órgãos de advocacia do Estado, a Ordem dos Advogados e, ultimamente, até casas legislativas. Aponta-se carência de controle exatamente numa instituição literalmente modelar no que se refere ao tema.

Nem é a função corregedora, de resto, a modalidade única de controle a que se acha submetido o Poder Judiciário. A primeira e mais importante é a lei, que ele não faz, mas sim e apenas aplica, embora tenha freqüentemente de arrostar responsabilidades que não são suas pela imposição de textos legais impopulares ou francamente desviados do interesse social. A vigilância das partes, rigorosa e atenta porque interessada; o acompanhamento técnico-profissional dos advogados; a fiscalização institucional do *Parquet*, meticulosa e constante; a obrigatória publicidade e a indispensável fundamentação dos atos; a estrutura rigorosamente dialética do processo jurisdicional, assegurada pelo crivo salutar do contraditório; a rígida moldura da legislação processual, com seus rigores formais e seu pletórico arsenal de impugnações e revisões, formam um conjunto a cuja luz cabe perguntar se há alguma outra atividade humana sujeita a tão numerosos, variados e efetivos mecanismos de controle. E, *last but not least*, valha lembrar que nos aspectos administrativos e orçamentários os órgãos jurisdicionais submetem-se, tanto quanto quaisquer outros entes públicos, à fiscalização dos tribunais de contas.

O que mais, então, se quer controlar? Há uma só resposta possível: o conteúdo mesmo da prestação jurisdicional. Mas aí se trata da soberania dos vereditos, da autonomia funcional do Poder e da própria sobrevivência da instituição. Ou há Judiciário independente ou não há Judiciário. É aí que começa e pode terminar a República. É para aí que converge e é daí que promana a efetividade de todas as garantias. Sem tribunais livres, a Constituição não vige, e a lei fenece; os parlamentos lançam seus editos aos ventos do deserto; a administração pública ou descamba para a anarquia ou resvala para o arbítrio. Toda regra de conduta cairá no vazio da inutilidade se não houver quem lhe identifique a incidência, garanta a aplicação e vivifique o espírito. A independência do julgador não é um postulado corporativo nem um privilégio de casta; é o pilar central da democracia e o fiador do equilíbrio social. Sem Justiça, não há liberdade, não há paz, não há dignidade cívica, não há perspectiva para o progresso. Se houver quem nos demonstre ser necessário e possível ainda alguma espécie a mais de controle do Judiciário sem comprometimento desse valor fundamental, estaremos prontos a acolhê-lo de bom grado, receptivos como sempre fomos à crítica sã e às contribuições da boa razão.

Não transigimos quanto à autonomia do Poder, nem abrimos mão do respeito que, como corolário, temos o dever de exigir, para nós também, mas sobretudo para a instituição. Temos, de outra banda, consciência muito aguda da necessária contrapartida. Sabemos bem que só pode cobrar quem cumpre. Por isso, o mesmo apaixonado empenho havemos de colocar na exigência interna de eficiência operacional, espírito público, contração ao trabalho, abertura para a modernização e capacidade de resposta. A todos e a cada um de nossos magistrados oferecemos o máximo de apoio material que nossas limitações orçamentárias comportam; toda assistência e auxílio de que necessitem; a mais vigorosa defesa das prerrogativas da função e das condições do seu bom exercício; a repulsa firme, áspera se necessário, aos ataques levianos que se vêm tornando hábito dos que nada conhecem e sobre tudo opinam. Mas estejam preparados nossos juízes para uma exigência igualmente forte de resultados, dedicação e aprimoramento. Conquanto a situação do Rio Grande do Sul, no particular, seja comparativamente boa, estamos bem longe do ideal de uma prestação jurisdicional célere. O resíduo crescente de feitos não-julgados exige acrescida atenção e redobrado esforço. Ao mesmo passo em que nos afanamos por eliminá-lo, começamos já a praticar a Justiça do terceiro milênio, do processo sem autos, da oralidade verdadeira e da máxima concentração, da jurisdição exercida sem formalidades vãs, sem arroubos de autoritarismo e sem fumaças de feitiçaria. O fecundo laboratório de experiências que foi o sistema de pequenas causas, esplêndido fruto da criatividade, descortino e sensibilidade social dos juízes do Rio Grande, amadureceu nos pretórios, alimentou a legislatura, subiu às galas da dignidade constitucional e finalmente germinou em nova configuração da arte de julgar, nos juizados especiais criminais e cíveis que já começamos a implantar. Trata-se de uma nova cultura e de uma nova filosofia de trabalho; cuida-se de atrair para a redoma da proteção jurisdicional uma parcela gigantesca, a mais sofrida e carente, da população brasileira, assim como se busca assegurar também aos demais jurisdicionados um serviço mais rápido, simples e efetivo. Absorve-se uma demanda de jurisdição reprimida pela miséria, pelo distanciamento social, pela desinformação e até pelo temor reverencial, mas também se assegura à clientela tradicional um serviço de qualidade progressivamente superior. E tudo isso se há de fazer com recursos limitados, com otimização da estrutura existente, sem acréscimo das disponibilidades orçamentárias. Esse é um desafio imenso, um trabalho hercúleo para o qual temos de conclamar todas as energias, todos os recursos e todas as reservas de boa-vontade. A busca da qualidade total, com máxima priorização desse programa, se faz mais imperiosa do que nunca. Essa nova Justiça, radiosa aurora que já tinge os horizontes, não se pode frustrar, sobretudo entre nós, pois aqui e não alhures a sua matriz original foi concebida e plasmada na mente lúcida, no espírito pioneiro e no coração magnânimo da magistratura rio-grandense.

Até aqui chegamos, os juízes do Rio Grande, e podemos mirar com orgulho a marca de nossos passos na distância. Mas tudo o que pára, morre, e precisamos andar mais, progredir mais, ousar mais. A paz é um imperativo da sobrevivência da espécie, mas não a "Paz

Celestial" da praça ensangüentada em Pequim, nem a paz imposta pela força das intervenções e represálias armadas. A *pax romana* da província submetida ao jugo das legiões metropolitanas é o verniz enganador da ordem sem justiça. A paz verdadeira é a das mãos e espíritos desarmados, da convivência respeitosa dos contrários, da harmonia no pluralismo – e essa não se alcança sem justiça. *Opera iustitia pax.*

Nossa é a tarefa da justiça. No futuro, a perspectiva histórica talvez nos venha a revelar que vivemos, em nossa seara de trabalho e neste último lustro do milênio, um momento de imensa e fecunda transformação. A justiça social e a justiça judicial, visualizadas na perspectiva tradicional como realidades distintas, começam a encontrar a sua síntese. Ainda que não se afaste de sua precípua, inarredável e insubstituível função de dirimir litígios concretos, o juiz moderno já cuida de cumpri-la sob a inspiração de valores mais abertos, mais universais e mais humanos. A justiça social impregna de seus ideais a justiça judicial, e esta se faz cada dia mais um instrumento daquela. Consciente sempre de se achar contido pelos limites da lei, o juiz de hoje se preocupa sobretudo com o justo, sem intimidar-se com a pecha de ativista que pejorativamente lhe apõem os interesses do imobilismo e da inércia social. Esta Corte, ancorada à sua tradição mais do que secular e perseverando nas virtudes que fizeram sua grandeza, mas com os olhos postos decididamente nos desafios do porvir, abraça a nova causa, certa de que não faltará a seus compromissos, como no passado não faltou.

É tempo de encerrar, e é agradecendo que concluímos. Ao grande Presidente que se afasta, Desembargador Mílton Santos Martins, pelo cavalheirismo, pela fidalguia e pelo excelente estado em que nos lega a Instituição. Aos Colegas que nos distinguiram com a investidura – não apenas os que nos honraram com seu voto, mas a todos indistintamente, porque divergir também é uma forma de cooperar e, ultrapassado o episódio eleitoral, não há vencedores nem vencidos, segundo as melhores tradições desta Casa. À Mãe inolvidável, cada vez mais viva na saudade, e ao venerando Pai, cuja ancianidade quase secular nos priva de sua presença física – por quase tudo o que somos, sabemos e alcançamos. À esposa dedicada e aos filhos amantíssimos, constantes pontos de referência e apoio. Às altas autoridades que vieram acrescer brilho e prestígio a esta solenidade. Aos demais amigos, colegas e colaboradores, do mais ilustre ao mais humilde, que vêm trazer-nos o testemunho caloroso do seu apoio e de sua amizade. A todos os que, no foro, na universidade, na família e nos mais diversos círculos de nosso convívio, dividindo conosco as alegrias e as fadigas do trabalho, a dor e o encanto de viver, ajudaram-nos e ajudam-nos a crescer e ensinaram-nos as mais variadas lições de saber, de afeto, de grandeza e de bondade.

Temos proclamado alhures que o juiz é, sem paradoxo, humilde e altivo. Humilde na dolorosa consciência de sua debilidade frente à gigantesca empresa de fazer a boa justiça; na permanente disposição de aprender, aperfeiçoar-se e corrigir-se; na invariável propensão para negar-se aos venenos da lisonja, da vaidade e da soberba, na disponibilidade constante do espírito para ser convencido e para rever posições. Mas altivo na sua independência, na repulsa às investidas da prepotência e às seduções do poder, na consciência clara da grandeza de sua missão, na exigência de posição condigna entre os poderes do Estado. É com esse espírito, que sabemos ser também o de nossos companheiros da administração empossada e o deste Tribunal como um todo, que assumimos a curul presidencial, humildemente reconhecendo o peso enorme dos compromissos e responsabilidades do cargo, mas altivamente proclamando que uma vez mais não seremos indignos da investidura.

$\mathcal{P}$ara que triunfe o homem[*]

Cala-se por um instante a voz dos pregões de julgamento; sustêm os advogados o ímpeto e o ardor do debate; silenciam os juízes seus votos e sentenças; a zelosa fiscalização do Ministério Público permite-se um momento de repouso; os próprios litigantes refreiam momentaneamente sua natural e expectante impaciência. É hora de celebrarmos juntos o ritual necessário e revigorante da continuidade na renovação e da retomada com refeitas energias. Para a dupla missão de saudar os novos dirigentes do Poder e de marcar a abertura do ano judiciário, distinguiu-me a Corte com a honrosa escolha dos meus pares.

Mas a primeira palavra do Tribunal é de agradecimento. Pela presença tão significativa e confortadora de quantos trazem a este encontro o testemunho de seu apoio e de seu reconhecimento. Da mais alta autoridade ao mais modesto servidor e ao mais humilde jurisdicionado, agradece a Corte o prestígio do comparecimento, que realimenta as nossas forças, confirma nossa fé e acrescenta fulgor à flama do nosso ideal.

Facilita-se a primeira das incumbências pela desnecessidade de retratar o perfil e rememorar as virtudes dos eminentes Desembargadores Presidente Nélson Luiz Púperi, Primeiro Vice-Presidente José Barison, Segundo Vice-Presidente Manoel Celeste dos Santos e Corregedor-Geral Nelson Oscar de Souza;

[*] Discurso proferido na Abertura do Ano Judiciário de 1990, em sessão plenária solene do Tribunal de Justiça do Rio Grande do Sul.

dispensa-se até a formulação de votos de êxito nas novas incumbências. A extensa e rica folha de serviços de todos os empossados, todos figuras exponenciais da Magistratura Gaúcha, é por demais notória para que se permita o orador ferir-lhes a modéstia com a recapitulação detalhada do exemplar currículo de cada qual. E esse mesmo conhecimento de seu passado é penhor seguro do desempenho irrepreensível das novas investiduras, em proveito certo da grandeza crescente do Poder Judiciário deste Estado. Os votos cabíveis, Senhor Presidente, Senhores Vice-Presidentes e Senhor Corregedor-Geral não são de bom sucesso no desempenho das altas funções a que os guindaram seu méritos, porque deste estamos todos certos. São, isto sim, de que esse desempenho seja para Vossas Excelências gratificante e feliz. O que seus pares desejamos é que a passagem de tão ilustres magistrados pela alta administração da Corte seja tão boa para os estimadíssimos Colegas empossados como certamente será para o próprio Tribunal e para a instituição a que devotamos todos o melhor de nossos esforços e de nossas vidas.

Senhoras e Senhores.

Estamos dando os primeiros passos em uma nova década, que nos conduz ao limiar de outro século e do terceiro milênio. Podemos sentir que um novo alvorecer já tinge os horizontes. Coincidentemente ou não, testemunhamos transformações enormes e freqüentemente dramáticas em todos os campos da atividade humana. As nacionalidades, perplexas, descobrem sua desimportância em face da realidade maior do Homem. Os muros – símbolos da intolerância e dos fundamentalismos estultos esboroam-se quase sem esforço e sem ruído. Esmaecem-se as fronteiras, sobretudo aquelas traçadas pelo arbítrio cego das baionetas no torturado mapa da Europa, para darem espaço à integração e à cooperação internacionais. O Homem reaguça a consciência de sua identidade ontológica, acima dos conceitos vagos e interessados de raça, língua e credo.

Como tudo, essa superação também envolve suas dores e traumatismos. Estão bem vivas em nossas retinas, e delas não se apagarão facilmente as imagens ominosas da violência recente e até presente, no Oriente Médio, no Leste Europeu, na velha Catai, em nossa sofrida Latino-América onde quer que a intransigência ou a vocação totalitária, travestidas de fidelidade ideológica, resistam à retomada do humanismo. Mas, em episódio que pode ser tomado como exemplar, quando o jovem estudante opôs o corpo frágil ao avanço do poderoso engenho de guerra, notou-se facilmente a vacilação do mais forte, na marcha oscilante e indecisa da máquina mortífera, fugindo ao confronto com o Quixote peão e desarmado. Porque, através da vigia do monstro de aço, o tripulante dele e o jovem temerário reconheceram-se um ao outro como seres humanos, e ao menos por um instante essa constatação foi mais poderosa do que todas as diferenças de meios, de formação e de interesses. Ocorrências da mesma natureza poderiam ser identificadas em meio a qualquer dos grandes conflitos que têm embaraçado o curso da História. E elas nos mostram que ninguém conseguiu jamais desumanizar completamente o Homem.

E por isso há esperança. Mas, para que continue a haver esperança, o rumo da História tem que ser o da Paz. Se não porque o desejem os homens de bem; se não porque nessa direção sopre algum alento divino, porque esse é o caminho único da sobrevivência. Porque a alternativa é a extinção da espécie.

E, se a paz é a meta, a Justiça é o caminho único para alcançá-la. Não falamos da paz dos cemitérios, da paz da submissão, da paz do medo. Não da "Paz Celestial" da praça ensangüentada, nem da imposta pelas intervenções e represálias armadas. A *pax romana* da província submetida às legiões metropolitanas é verniz frágil de ordem sem Justiça. A verdadeira paz, aquela das mãos e espíritos desarmados, da convivência dos discordantes, da harmonia no pluralismo, só se alcança por meio da Justiça. *Opera iustitiae pax.*

Essa é a tarefa em que nos empenhamos. Talvez a perspectiva histórica venha a mostrar, um dia, que vivemos, em nossa seara de trabalho e neste fim de século, momento de profunda e fecundíssima transformação. Justiça judicial e justiça social, tradicionalmente olhadas como realidades distintas, começam a ser vistas em sua unidade. Mesmo sem afastar-se de sua precípua, inarredável e insubstituível função de solucionar conflitos localizados e concretos, não mais se descuida o juiz moderno de fazê-lo sob inspiração de critérios e valores mais alargados, mais universais e sobretudo mais humanos. A justiça social impregna de seus ideais a justiça judicial, e esta se faz cada vez mais instrumento daquela. Contido nos limites da lei, mas preocupado sobretudo com o justo, não teme o juiz hodierno a pecha de ativista com que o querem rotular pejorativamente os interesses inconfessados do imobilismo e da inércia social.

O Poder Judiciário deste Estado, a Justiça Estadual do Rio Grande do Sul, não tem faltado a esse compromisso novo, como nunca deixou de corresponder às exigências novas de uma realidade mutante. Foi pioneiro e é modelo na modernização de meios, informatizando gradativa e prudentemente os seus serviços. Avança nesse campo com cautela e segurança, mas sem duvidar do acerto de sua opção, que muitas organizações congêneres têm tomado por exemplo. Confirmando a antecipação clarividente e corajosa de Paulo Boeckel Velloso, que no início da década expirante anteviu a possibilidade do processo sem "dossiê", dos autos formados e mantidos em meio eletrônico, ela já deixa de ser um sonho visionário para tornar-se realidade próxima cujos contornos se desenham com crescente clareza.

Foi também daqui que partiu a experiência inicial de um procedimento desformalizado ao máximo, concentrado e realmente oral, operado por órgãos também diferenciados, dotados de aptidão, aquele e estes, para colocar ao alcance do homem comum, do mais pobre, do mais simples, do mais humilde, o acesso à jurisdição, assim convertido de garantia constitucional platônica em realidade efetiva. Essa realidade magnífica dos juizados de pequenas causas se impôs pela excelência dos resultados, alcançou consagração legislativa e finalmente glorificou-se na hierarquização constitucional dos textos que não apenas a autorizam, mas a impõem. Não esqueçamos, porém, que aí só foi possível chegar-se a partir de uma iniciativa quase temerária, desamparada de autoridade formal, inspirada exclusivamente no generoso ideal da democratização da Justiça, sustentada pela pura abnegação e desprendimento dos homens que a imaginaram e puseram em movimento. Os juízes do Rio Grande do Sul o fizeram.

A década de 80 trouxe ventos de renovação política e institucional que, no Brasil, conduziram a um processo de reconstitucionalização. Mesmo nascida de mãe impura, embora contaminada de arroubos demagógicos, ainda que eriçada de contradições internas, temos em vigor uma verdadeira Constituição. Nosso papel não é maldizê-la, mas cumpri-la. Institutos novos por ela introduzidos e modificações radicais em institutos já conhecidos desafiam o Poder Judiciário, qual esfinge, à tarefa árdua de fazê-los operativos e úteis, embora nem sempre acompanhados da correspondente e adequada instrumentação processual. Também a esse desafio não temos fugido. Julgou-se aqui, neste plenário, o primeiro caso de *habeas data* aforado no País, ainda que a imprensa, inclusive a local, tenha atribuído essa primazia a um Tribunal de Brasília.

Mas, antes e acima de tudo, o que nos orgulha é a independência que temos sabido manter. Seja em face dos outros Poderes, seja diante de Tribunais de maior hierarquia aos quais tributamos respeito, mas não submissão, seja no relativo à autonomia interna e individual de cada órgão da jurisdição estadual, desfruta cada juiz gaúcho da mais completa independência, sem prejuízo da harmonia como quer a norma constitucional e como, sobretudo no atinente ao Poder Judiciário, é condição basilar de seu exercício.

Pensamos estar cumprindo a nossa parte na construção de um futuro melhor e de uma sociedade mais livre. Não nos consideramos em débito para com as expectativas da comunidade. Não nos detemos nem recuamos na busca do constante aprimoramento. A crônica escassez de recursos materiais, superamola quanto possível, suprindo carências com redobro de esforço e dedicação. Ao costumeiro desamor da mídia, sempre inclinada a exagerar nossos fracassos e deficiências e calar nossos triunfos, respondemos com um dado concreto e objetivo: no ano findo, o Poder Judiciário deste Estado foi reconhecido como o mais eficiente e aprimorado do País, em avaliação do Supremo Tribunal Federal, divulgada durante encontro nacional de presidentes de Tribunais. Eventuais interesses corporativos ou setoriais contrariados por nossa atuação não nos preocupam enquanto estivermos convencidos de que o interesse geral da comunidade está sendo bem servido.

Encetamos, pois, um novo ano de trabalho com a humildade de quem conhece a necessidade de melhorar, mas também com a altivez de não haver faltado ao compromisso fundamental. Assim prosseguiremos, abrindo novos caminhos, sem abandonar as grandes coordenadas que a experiência traçou. Renovando na continuidade. Aprimorando e inovando sem a preocupação da neofilia demagógica. Progredindo, senhor Presidente Nélson Púperi, agora sob a esclarecida orientação de Vossa Excelência, com segurança e constância. Perseverando nas virtudes que fizeram a grandeza desta Casa e da Instituição ao longo de mais de um século, mas com os olhos voltados para os desafios do porvir.

Continuaremos. Para que se faça a Justiça. Para que seja possível a paz, obra da Justiça. Para que triunfe o Homem.

𝒜 crise ética[*]

A crise dos nossos tempos é uma crise ética.

A ética do pragmatismo dominante, da divinização do lucro e dessa misteriosa coisa chamada "globalização" é amorfa, maleável e fugidia. Ajusta-se sem dificuldade, sem culpa e sem vergonha às necessidades e conveniências de cada instante, de cada circunstância e de cada manipulador. É a ética do vale-tudo, quer dizer, a não-ética. O grande orientador das condutas é o mercado, um ente eticamente neutro.

Talvez seja possível conviver nessa nova e perturbadora realidade. É possível que os gurus desse novo tempo hajam desenvolvido alguma fórmula apta a regular o funcionamento da sociedade humana prescindindo dos conceitos de bem e de mal, de certo e errado, de um núcleo central de valores. Um mundo sem referências morais, onde o comportamento seja ditado exclusivamente pela conveniência e pelo lucro, talvez seja o ideal da nova era, e pode ser que os errados, por perdidos do seu tempo, sejam aqueles que insistem em orientar-se por uma pauta ética.

Ainda que assim seja – e as pessoas de bem esperam que não seja assim – há um campo da atividade e do saber humano que não pode prescindir do referencial

---

[*] Discurso proferido em 22 de fevereiro de 1997 na Escola Superior da Magistratura do Rio Grande do Sul, durante a mobilização dos Magistrados brasileiros contra a hipertrofia do Poder Executivo Federal e a desvalorização do Poder Judiciário.

ético. O Direito – que, em uma de suas definições, é o mínimo ético indispensável à convivência social – só pode existir a partir desse ponto de apoio e de referência. Outros talvez possam passar sem ele; o profissional do Direito, jamais.

Talvez por isso, o Direito é visto pela nova ordem como um fator de embaraço e de oposição ao "progresso" e à "modernidade". Os profissionais da área aparecem como obstáculos aos avanços programados, porque teimam em condicionar as condutas, até a dos mais poderosos, à conformidade ao Direito. O jurista é tachado de retrógrado e insensível, quando quer apenas preservar um instrumento insubstituível do convívio civilizado.

A ameaça cresce de ponto porque o Estado assume como seus a filosofia e os objetivos dessa monstruosidade. Os projetos de governo já não se ajustam à lei; esta é que precisa amoldar-se a tais programas. Daí o revisionismo desenfreado, o desrespeito à ordem jurídica como princípio, a oficialização do calote, o descaso pela dívida social e pelos compromissos mais elementares do poder público para com o povo.

Faz parte desse quadro a imensa concentração de poder em mãos do Executivo. Já excessiva no quadro constitucional vigente, agiganta-se ainda mais, dentro e fora da ordem jurídica, diante da inapetência e submissão do Legislativo. A natural tendência do poder à expansão, encontrando campo livre, só pode resultar em ampliação progressiva e extremamente perigosa. Ignoram os poderosos da hora que nada, senão o Direito, assegura a soberania do povo, o princípio republicano, a certeza do amanhã e, de passagem, o exercício do mandato popular.

A nós, profissionais do Direito, e muito particularmente aos juízes, seus aplicadores e intérpretes por excelência, pesa o grave encargo de zelar e velar pela preservação da ordem jurídica, sem a qual não há democracia, nem liberdade, nem república. À antipatia e ao desprezo que possam resultar dessa vigília temos de opor nosso patriotismo e nossa disposição de luta. Se nos deixarmos esmagar pela pressão, inclusive de ordem econômica, que não cessa de crescer, não seremos apenas nós, nem só a instituição a que pertencemos, as vítimas do atropelamento. Será sobretudo o Estado de Direito.

Nossas coxilhas impregnadas de sangue e de glória ouviram de um dos indomáveis campeões da liberdade: "precisamos de leis que governem os homens, e não de homens que governem as leis." Nós continuamos a acreditar nisso.

Saudação à primeira Desembargadora[*]

É sempre um momento glorioso desta Corte aquele da recepção a um novo integrante, muito particularmente a de um magistrado de quadro que alcança o topo da hierarquia.

Um juiz estadual de carreira – ou uma juíza – é a personificação mais exata do Poder Judiciário. É o magistrado que percorreu os degraus de acesso um a um, aprendendo em cada qual o que só a variedade e a riqueza imensas dessa experiência podem proporcionar. Desde as menores, mais distantes, mais bucólicas e mais desaparelhadas comarcas – que apesar disso ou por isso mesmo se integram para sempre à nossa geografia afetiva – até o desafio gigantesco da Capital hostil e cosmopolita, seguida da magnífica escola que é o Tribunal de Alçada, aprendemos sempre, como aqui mesmo continuamos o aprendizado de juiz que não se finda nunca. Aprendemos sobretudo que há sempre mais para aprender, e que, por melhores juízes que sejamos, nunca seremos bons juízes de nós mesmos.

Dificilmente outra atividade pode proporcionar lições de vida mais ricas e oportunidades melhores de realização pessoal. Mas também não é provável que exista alguma outra mais dura e mais exigente. Vivemos nela a angústia das enormes carências em confronto com a imensidão das tarefas a executar. Avassala-nos o

---

[*] Em sessão do Tribunal Pleno, dia 28 de outubro de 1996.

doloroso contraste entre as necessidades da função jurisdicional e a pequenez dos recursos disponíveis. As exigências da dignidade da função e do mínimo de representação frente à mesquinhez dos estipêndios. A colossal variedade de uma competência jurisdicional praticamente universal, acrescida dos encargos de administração, a exigir conhecimentos enciclopédicos, sem a contrapartida do tempo e oportunidade para o estudo. O juiz supera-se a cada dia; suas preocupações vão desde as mais graves questões institucionais até uma prosaica goteira no telhado do Foro. Assina pilhas de títulos eleitorais enquanto preside o Júri; interrompe uma audiência para atender a um despacho urgente; busca desesperadamente a solução que não existe para os sempre renovados problemas da jurisdição de menores; agonia-se na visita a presídios de uma precariedade atroz; sacrifica o convívio familiar atravessando noites e madrugadas no estudo de processos; desdobra-se no atendimento das infindáveis solicitações e convites; desgasta-se no atrito com autoridades despreparadas; envenena a alma no contato diuturno com a pior criminalidade e com as mazelas do pior ódio, que é o amor degradado nas relações de família deterioradas. No desaguadouro de desgraças que é o Foro – hospital de almas, onde ninguém vai por estar feliz, ponto de encontro de todos os desencontros – tem de representar o equilíbrio em meio ao caos, a solidez no centro de um terremoto.

No plano institucional, tem de estar constantemente atento às ameaças e intentos de debilitação do Poder, em luta permanente contra os propósitos desestabilizadores dos poderosos da hora, sempre contrariados com os freios e limites que lhes põe a jurisdição. Em tempos de neo(ultra)liberalismo, quando só se tecem loas à excelência do mercado e da iniciativa privada, em contraponto à satanização do serviço público, cresce a importância da postura vigilante pela preservação do

Estado de Direito, que não sobrevive sem um Judiciário forte e independente. Quando o estranho e perigoso conúbio entre setores governamentais, órgãos legislativos, a parcela mais retrógrada do empresariado e a mídia de vocação monopolista ensombrece o horizonte com o fantasma da fujimorização, o Poder Judiciário resta como único bastião de resistência à onda avassaladora.

Ainda assim, não podemos abrir mão do direito a um instante de trégua e de júbilo. Chega ao Tribunal a sua primeira Desembargadora. Não por acaso, nem de modo imprevisto, nem com surpresa. Há mais de vinte anos, precisamente até o ingresso na Magistratura da eminente Juíza hoje integrada a esta Corte, a função jurisdicional no Rio Grande do Sul era privativa dos homens. Pensava-se que aquele excepcional conjunto de qualificações e virtudes que se espera encontrar no julgador só se pudesse reunir em pessoas do sexo masculino. Como em tantas outras áreas da atividade humana, a mulher provou que não era assim. Conquistou seu espaço na Magistratura, ponteando concursos, realizando carreiras brilhantes, em muitos casos marcadas por promoções alcançadas exclusivamente pelo critério de merecimento. O que mostra, de resto, a absoluta e completa assimilação pela estrutura judiciária, inclusive em suas esferas mais altas, da presença feminina em seu meio, sem qualquer resíduo de preconceito ou discriminação. Vale lembrar, a tal propósito, que a atual Diretora do Foro da Capital é também uma juíza, como juíza foi, aliás, sua imediata antecessora. A mesma linha se pode observar igualmente com relação ao provimento das vagas do quinto constitucional nos Tribunais, em cujas listas tríplices se têm incluído mulheres, uma delas ilustrando hoje, com brilho e competência, uma das cátedras do Tribunal de Alçada.

As instituições permanentes, como as pessoas físicas, modificam-se continuamente, mas sem prejuízo ou perda da respectiva identidade. Este Tribunal que hoje se engalana para recebê-la, Senhora Desembargadora

Maria Berenice Dias, é o mesmo de César Dias e de César Dias Filho. Mudou, mas não é outro. Afinado com seu tempo, modernizado e atualizado com os recursos tecnológicos de hoje, pronto para o terceiro milênio, mas idêntico a si mesmo. O que sequer poderia ter imaginado seu pai e menos ainda seu avô, ao tempo em que o integraram, é hoje uma realidade concreta: suaviza-se a austeridade desta sala para acolher Vossa Excelência e homenagear sua figura invulgar de magistrada e de batalhadora incansável, plantando um marco histórico cuja significação jamais será suficientemente enfatizada. Outra vez pioneira, a Senhora Desembargadora, primeira Juíza de Direito e primeira Juíza de Alçada, acrescenta agora ao vocabulário deste Tribunal a flexão feminina do honroso título conferido com exclusividade constitucional aos seus membros. Honrada em acolhê-la, a Corte sente-se feliz ao constatar que conduziu corretamente, com sabedoria, prudência e saudável gradualismo, um processo iniciado há pouco mais de vinte anos, com a participação protagonista de Vossa Excelência. Trata-se, sem dúvida, de uma profunda mudança cultural que, como todas as do seu gênero, não poderia dispensar o concurso do tempo, porque o tempo – advertia Eduardo Couture – vinga-se das coisas feitas sem a sua colaboração. A mudança principiou no devido tempo, progrediu no ritmo usual do andamento da carreira, amadureceu convenientemente e finalmente deságua neste momento de gala, que a todos nos orgulha e emociona.

O Tribunal – repito – mudou sem abdicar de sua identidade. Acompanhou a ambiência necessariamente mutante de sua atuação e evoluiu, sem deixar de ser aquele a que pertenceram, Senhora Desembargadora, seu pai e seu avô. Altivo e sereno, aberto às inovações e infenso a todos os sectarismos, segue firmemente ancorado às suas melhores tradições de honradez, seriedade e independência, mas em dia com o seu tempo e tendo os olhos decididamente postos no porvir.

Entrevistas

Juizados Especiais e propostas de reforma do Poder Judiciário*

Carlos Alberto Bencke - O Des. Adroaldo Furtado Fabrício, Presidente do Tribunal de Justiça Estado, como Chefe do Poder Judiciário no Estado do Rio Grande Sul, esteve participando do Encontro do Colégio Permanente de Presidentes de Tribunais de Justiça, do qual resultou a carta que lemos há pouco. Presidente, resumindo para o grande público do nosso Jornal do Judiciário, o que foi decidido pelo Encontro do Colégio Permanente de Presidentes?

Des. Adroaldo Furtado Fabrício - Nós tivemos, neste encontro de Goiânia, uma inovação introduzida nas práticas do Colégio, que consistiu no depoimento dos Presidentes dos vários Tribunais para uma troca de experiências, de conhecimentos, naquilo que diz respeito à busca da democratização da Justiça que é uma preocupação muito disseminada, hoje, entre os operadores do processo.

Neste encontro, particularmente, centralizou-se a discussão e bem assim essa troca de experiências em torno dos Juizados Especiais, uma experiência nova e já francamente vitoriosa que está implantada em todo o País, em alguns Estados mais avançada, em outros, menos adiantada ainda, mas, de qualquer forma, funcionando com resultados plenamente satisfatórios em to-

---

* Entrevista ao programa "Jornal do Judiciário", transmitida pela TVE.

dos os Estados da Federação. Podemos dizer com orgulho que nosso Estado é, nesse particular, um dos mais adiantados.

A preocupação que está expressa na carta de simplificação e aceleração dos procedimentos visa exatamente a este objetivo, de tornar a Justiça mais acessível a todos, colocar o Juiz mais próximo do povo. Isso tudo resultando, naturalmente, no que nós chamamos de democratização da Justiça.

Carlos Alberto Bencke - Presidente, falou-se bastante, também, a respeito da reforma constitucional, aliás uma preocupação constante do Colégio Permanente de Presidentes. A reforma constitucional contempla a súmula vinculante e o Conselho da Magistratura. A súmula vinculante praticamente viria em sentido contrário ao que se pregaria na democratização do Poder Judiciário, ou não?

Des. Adroaldo Furtado Fabrício - Em certo sentido, sim, porque, na medida em que se estabelecem súmulas obrigatórias, os caminhos que são passíveis de ser percorridos em juízo ficam reduzidos. O trânsito, digamos assim, das pessoas fica, em certa medida, obstruído. Para melhor compreender isso, é preciso rememorar um pouco o que vem a ser a súmula. É uma prática adotada principalmente pelo Supremo Tribunal Federal, mas, a partir de 1974, também nos demais Tribunais, que consiste em formulação de enunciados que fixam a interpretação da lei, na medida em que ela seja pacífica no âmbito de cada Tribunal. Essas súmulas servem apenas como referência, porque elas não têm um caráter obrigatório, isto é, um caráter vinculante nem para o julgador nem para os demais indivíduos que não sejam partes no processo. O que se pretende agora é atribuir a algumas dessas súmulas a força de vincular não apenas aquelas pessoas diretamente envolvidas nos processos julgados, mas todas as que estiverem em situação similar para o futuro, e mais, vincular os próprios julgadores, de tal sorte que lhes fica vedado decidir de modo contrário ao que estiver constando da súmula.

Isso significa redução do volume de recursos processuais. Do ponto de vista operacional do Poder Judiciário, tem as suas vantagens. Serviria, por exemplo, para desafogar a gigantesca carga de trabalho que hoje existe no Supremo Tribunal Federal e serviria também para impedir a infindável repetição de recursos idênticos versando sobre a mesma matéria. Mas, por outro lado, certamente representa algum fechamento no que diz respeito às vias de acesso aos órgãos jurisdicionais.

Carlos Alberto Bencke - Nós vamos dar um exemplo para que o grande público entenda. A questão, por exemplo, do empréstimo compulsório, que já foi decidido pelo Supremo Tribunal Federal. Se houvesse uma súmula, essa súmula vincularia tanto o administrador quanto o Juiz da causa. Então, não haveria mais recursos ao Supremo sobre os demais.

Des. Adroaldo Furtado Fabrício - Dependendo de como seja regulado por lei o assunto, pode ser que a própria demanda que viesse a ser oferecida já devesse ser rejeitada desde logo pelo Juiz de primeiro grau se ela fosse contrária à súmula.

Carlos Alberto Bencke - Presidente, e sobre o Conselho da Magistratura, o que se tem atualmente? Qual é a posição atualmente do Colégio Permanente de Presidentes? O Conselho da Magistratura é o controle externo do Poder Judiciário.

Des. Adroaldo Furtado Fabrício - O Colégio está admitindo como um mal menor, digamos assim, um Conselho da Magistratura composto quase que exclusivamente por magistrados, mas com participação de alguns poucos membros estranhos à magistratura, provavelmente, no mínimo, um representante dos advogado e um do Ministério Público.

Nós estamos aceitando, o Colégio está aceitando, porque a alternativa seria muito pior, seria um Conselho realmente externo, composto por pessoas estranhas ao Poder Judiciário e que teria, inevitavelmente, o resultado de acabar por controlar as próprias decisões jurisdicionais, o que não se admite.

Carlos Alberto Bencke - O que não se admite é exatamente isto, o controle da atividade jurisdicional, apenas a atividade administrativa dos Juízes, dos Tribunais. Não é?

Des. Adroaldo Furtado Fabrício - É. Até porque eu costumo dizer que a atividade mais controlada que existe é a atividade jurisdicional. Existem, como controladores, as corregedorias, existem os advogados, existe o Ministério Público, existem as partes...

Carlos Alberto Bencke - ...existe a imprensa...

Des. Adroaldo Furtado Fabrício - ...existe a imprensa. Tudo a fiscalizar de um modo muito constante, muito efetivo a atuação do Judiciário.

Carlos Alberto Bencke - Até porque, no Judiciário, todos os processos são públicos, com exceção daqueles em segredo de Justiça, que são poucos, e todos têm acesso, não é, Presidente?

Des. Adroaldo Furtado Fabrício - Exatamente. O princípio da publicidade também é um fator de controle, certamente.

Carlos Alberto Bencke - Presidente, e a respeito do processo rapidamente, porque nós temos pouco tempo. A respeito do processo, no sentido prático, assim, haveria a possibilidade de redução do número de recursos, do prazo, pelo menos "a priori", ou em seguida?

Des. Adroaldo Furtado Fabrício - É o que todos defendem. Não só os profissionais do Foro, como os especialistas em Direito Processual defendem uma simplificação e redução do número de recursos. Entretanto, isso é muito difícil de fazer no Brasil, porque nós temos o instituto do mandado de segurança com grande amplitude, e o que a experiência tem mostrado é que quando se retira um recurso, abre-se a oportunidade para o mandado de segurança. Então, é um beco quase sem saída, a não ser que se modifique a estrutura do próprio mandado de segurança.

Carlos Alberto Bencke - Pois não. Nós agradecemos a presença do Des. Adroaldo Furtado Fabrício, Presidente do Tribunal de Justiça do Estado do Rio Grande do Sul, como sempre nos trazendo novidades a respeito do que pode ser realizado em termos de reforma constitucional.
Boa noite.

Autonomia orçamentária e qualidade do serviço da Justiça*

Nesta entrevista ao Informativo TARGS, o Presidente do Tribunal de Justiça do Estado aborda o atual momento do Poder Judiciário gaúcho, o Programa de Qualidade Total e a questão que envolve os repasses orçamentários ao Poder. Acompanhe.

P - Como avalia o atual estágio da Justiça Gaúcha?

R - O momento atual da Justiça gaúcha é particularmente delicado em razão de algumas dificuldades de relacionamento que são notórias com outros poderes, mas as questões mais agudas já estão superadas e acredito que, por outro aspecto, internamente o momento da Justiça do Rio Grande do Sul é muito bom no sentido de que há uma coesão muito grande entre a Instituição, as associações de classe, a Magistratura e o funcionalismo em geral. Acredito que seja um momento altamente positivo.

P - Qual a sua expectativa em relação à modernização do Poder Judiciário?

R - O trabalho de modernização do Poder Judiciário vem sendo desenvolvido desde gestões anteriores do Tribunal de Justiça e acreditamos que essa modernização tenha dado um passo de grande extensão

---

* Entrevista ao boletim "Informativo do TARGS", julho de 1996.

com a vigência da Lei 9.099, que instituiu os Juizados Especiais e, particularmente, com a implantação efetiva destes juizados, que não apenas vão dinamizar a atuação jurisidicional, como vão também servir, penso eu, de modelo para o futuro. As demais atividades do Poder Judiciário, o exercício tradicional da jurisdição deverá ser progressivamente influenciado por esses novos organismos e por estes novos métodos, assim com, até mesmo, por uma nova mentalidade que deverá emergir da experiência ora em andamento com os Juizados Especiais.

P - E quanto ao Programa da Qualidade Total?

R - Quanto ao nosso Programa de Qualidade Total, eu gostaria de ressaltar, muito especialmente, que a dificuldade que nós em certa medida temos encontrado é decorrente da falta de conhecimento do que seja um Programa de Qualidade e do que se persegue com este Programa. O que se busca é uma gerência, uma gestão mais racional das rotinas e dos procedimentos que nós adotamos. A maior parte daquilo que a doutrina da Qualidade Total preconiza representa medidas e iniciativas que nós todos já procurávamos tomar, apenas que de forma empírica, sem uma organização científica e metódica das atuações a serem feitas.

Neste sentido é que a adoção de um programa dessa natureza pode representar um fator muito importante, a partir do momento em que nós passamos a buscar, conscientemente e por métodos comprovadamente eficientes, essa melhoria de qualidade. Tenho encontrado, particularmente entre Juízes, uma idéia distorcida do próprio conceito de qualidade total e que leva a uma certa resistência. Trata-se simplesmente de um método de gestão, e não de uma questão de aumentar ou diminuir a quantidade de trabalho: um programa de qualidade tanto pode ser útil e eficiente em um regime de trabalho normal, como em um regime de trabalho folgado ou até mesmo em um regime de sobrecarga. Em qualquer dessas circunstâncias, os resultados vão melhorar com a adoção de um programa desse tipo.

P - Que relação terá o novo prédio do Tribunal de Alçada e do Tribunal de Justiça neste contexto?

R - É evidente que o novo prédio dos Tribunais, o prédio destinado ao 2º Grau, uma vez que esteja pronto para a ocupação, vai proporcionar condições de trabalho muito melhores, porque atualmente todos nós estamos trabalhando sob uma verdadeira angústia do espaço. Mais o Tribunal de Alçada do que o Tribunal de Justiça, mas também este, já que o prédio onde estamos instalados já se tornou, há muito tempo, insuficiente e não apenas insuficiente, mas também inadequado às concepções contemporâneas do trabalho da Justiça. Essa disponibilidade de espaços melhores, mais amplos e mais racionalmente aproveitados, vai permitir, com certeza, um crescimento considerável na boa qualidade do serviço prestado.

P - O Senhor tem sido enfático na defesa do Judiciário. Como encara a questão dos repasses orçamentários ao Poder?

R - A ênfase que eu tenho colocado na defesa do Judiciário como Poder e como Instituição é, penso eu, um dever do chefe dessa mesma Instituição. É assim porque essa questão se torna particularmente aguda quando os demais Poderes demonstram uma certa incompreensão em relação à autonomia constitucional do Judiciário. Dentro desse contexto, a questão dos repasses orçamentários tem uma importância vital, porque não há, evidentemente, autonomia de qualquer espécie sem um mínimo de autonomia financeira. Na medida em que o Poder Executivo determina que valores serão repassados, a seu exclusivo critério, está na verdade determinando a medida da própria atuação do Poder Judiciário, que fica delimitada pela dimensão desses recursos. Portanto, é um arbítrio que não pode ser deixado a nenhum outro Poder, esse de determinar quanto vai ser repassado Tem que haver critérios objetivos, e esses critérios existem; tanto podem ser apurados em termos percentuais, como podem ser apurados em ternos de duodécimos sobre o total orçado para o ano. Qualquer dos dois critérios nos serve, mas tem que haver, necessariamente, um critério para que não fique à inteira disponibilidade do Poder Executivo o valor a ser repassado que é, repito, determinante do volume de trabalho e da qualidade do trabalho que nós podemos prestar, assim como da maior ou menor intensidade de extensão da nossa atuação.

Plano de ação da Presidência*

Moacir Danilo Rodrigues - O "Jornal do Judiciário" recebe o Presidente do Tribunal de Justiça, Des. Adroaldo Furtado Fabrício. Boa noite, Presidente.

Des. Adroaldo Furtado Fabrício. Boa noite.

MDR - Quais as metas principais que o senhor pretende atingir nos seus dois anos de gestão?

AFF - Nós teremos a preocupação de prosseguir o excelente trabalho desenvolvido pela atual Administração do Tribunal no que diz respeito ao Programa de Qualidade e assumir uma posição mais firme, mais decidida, no que diz respeito à defesa do Poder como instituição. Naturalmente isso envolve também a necessidade de reforçar o trabalho jurisdicional, seja para alcançar a pretendida qualidade, seja para que passemos à sociedade a resposta que ela espera. Em última análise, o que se pode esperar em termos de melhoria de imagem decorrerá da melhor qualidade do trabalho que oferecermos.

MDR - Como é que o senhor vê essa proposta de emenda constitucional no que tange ao Poder Judiciário propriamente dito?

---

* Entrevista concedida ao "Jornal do Judiciário", transmitido pela TVE no dia 20 de dezembro de 1996.

AFF - As propostas estão ainda um tanto indefinidas no que diz respeito ao Poder Judiciário. Nós esperamos poder contar nos próximos meses com uma visão mais clara nesse terreno. Entretanto, o que se fala em geral é sobre algumas providências que não interessam ao Poder Judiciário como instituição. Nós temos a percepção muito clara de que, toda vez que se fala em reforma do Judiciário, está-se falando, na verdade, em reforma contra o Judiciário. Nós temos uma experiência, infelizmente, negativa no que diz respeito a esse tema.

Entretanto, cabe esperar e ver o que realmente vai acontecer nessa área. O Poder tem que se manter, evidentemente, atento à reforma constitucional no que lhe diz respeito.

MDR - Essas campanhas contra o Judiciário, que são identificadas com facilidade, são integradas também por aquelas propostas tipo controle externo. Como é que o senhor vê, Presidente, essa questão do controle externo do Judiciário?

AFF - O chamado "controle externo" seria a negação do próprio Poder Judiciário como tal. Nós não podemos conceber que, no trabalho jurisdicional propriamente dito, possa haver alguma forma de controle, porque isso importaria evidentemente na quebra da autonomia do Poder. E essa autonomia não é alguma coisa que interesse a nós, Juízes; é alguma coisa que interessa, sobretudo, ao jurisdicionado. Um Poder Judiciário sem independência não tem como cumprir a sua missão constitucional.

E, no que diz respeito aos aspectos administrativos do funcionamento do Judiciário, o controle necessário já existe: em primeiro lugar, o controle da lei; em segundo lugar, o controle dos Tribunais de Contas que se fizesse sobre o Poder Judiciária assim como sobre toda a atividade pública em geral.

MDR - Presidente, quanto à emenda votada e promulgada ontem pela Assembléia Legislativa do Estado a respeito do chamado "nepotismo" dos três Poderes, qual a sua posição a respeito?

AFF - É claro que, do ponto de vista jurídico, não seria oportuno falar, até mesmo pelo impedimento que qualquer Juiz tem de emitir opinião previamente sobre qualquer questão que eventualmente lhe possa ser submetida na condição de Juiz.

Quanto aos demais aspectos, eu diria que esse assunto foi, na realidade, superdimensionado. Lembro de ter visto no Jornal "Correio do Povo" um editorial, em um dos dias da semana passada, que colocou na justa medida o tema.

Na realidade, não se pode colocar esse problema, que certamente existe, como uma matéria de redenção nacional. Não se trata disso. Aliás, nós todos devemos ter uma certa reserva, um certo cuidado, em relação a essas chamadas "cruzadas moralizadoras", que mobilizam uma massa muito grande de informação e de influência sobre a opinião pública. Isso lembra um pouco as teocracias, os aiatolás e coisas desse gênero.

MDR - Comenta-se que a Assembléia nada mais fez do que transformar em emenda constitucional a proposta do Judiciário. O senhor concorda que tenha sido exatamente isso o que aconteceu, Presidente?

AFF - Absolutamente não. O que se passou, e foi amplamente noticiado ao longo de todo o desenvolvimento do processo, foi que o Tribunal de Justiça encaminhou uma sugestão de emenda. Essa sugestão era, sob alguns aspectos, mais ampla no sentido de que abrangia todos os setores da atividade pública no Estado e inclusive contemplava aquele chamado "nepotismo cruzado" de Poder para Poder, de setor para setor da Administração Pública. E abrangia também não apenas os municípios, como todos os órgãos da Administração e, mais do que isso, as sociedades controladas pelo Estado, as empresas públicas, os serviços públicos concedidos, permitidos, etc., o que não acontece com a emenda aprovada.

Por outro lado, sendo a emenda menos abrangente nesse aspecto, em outros aspectos, é mais abrangente, na medida em que alcança as situações definitivamente constituídas, aquelas pessoas que foram nomeadas sob uma outra legislação. E, igualmente é mais abrangente do que a proposta inicial, na medida em que extingue, ou pretende extinguir, um determinado número de cargos em comissão, não só no Poder Judiciário, mas em todos os Poderes do Estado, independentemente da questão do parentesco. Quanto a essas diferenças, assim rapidamente mencionadas, haveria muito o que dizer a respeito delas.

MDR - Teremos a oportunidade em outro programa, Presidente.

AFF - Certamente. Mas, assim muito rapidamente mencionadas, essas diferenças já estão evidenciando que a emenda aprovada guarda pouquíssima relação com aquela proposta inicial emanada do Poder Judiciário.

MDR - Presidente, o nosso espaço se aproxima do seu final, e eu gostaria que o senhor pudesse, de uma forma sintética, nos dizer como pretende manter o relacionamento com a AJURIS, a nossa grande Associação dos Juízes do Rio Grande do Sul.

AFF - É evidente que o Tribunal de Justiça e a Associação dos Juízes têm missões e modos de trabalho naturalmente diversos e objetivos, inclusive, diferenciados um em relação ao outro. Entretanto, em uma grande medida, esses objetivos e esses métodos de trabalho devem coincidir naquelas matérias em que o interesse é institucional, mas é também interesse da Associação como órgão representativo que é de todos os Juízes do Estado.

MDR - Des. Fabrício, Presidente eleito do Tribunal de Justiça, nós agradecemos a sua presença no Jornal do Judiciário e formulamos votos de que o senhor tenha todo o apoio da Magistratura, da sociedade do Rio Grande do Sul para desempenhar as suas funções, porque, realmente, da altivez do Judiciário, da independência do Judiciário é que vai depender a segurança dos nossos jurisdicionados.
Cumprimentos ao senhor e esperamos contar com a sua presença, em outro momento, neste programa. Uma boa noite.

O Colégio de Presidentes e a Magistratura Nacional*

Carlos Alberto Bencke. *Des. Fabrício, há quanto tempo os Presidentes dos Tribunais de Justiça vêm-se reunindo nestes encontros nacionais?*

O Presidente Des. Adroaldo Furtado Fabrício. Estes encontros começaram há cerca de uns três anos, ainda muito informalmente, e deles nasceu a idéia de se compor um colégio permanente para periodicamente discutir, cada vez em uma diferente Capital de Estado da Federação, os problemas que são comuns ao Poder Judiciário de todos os Estados. Tem funcionado como instrumento de consulta recíproca e de uniformização de posições, com resultados extraordinariamente importantes.

CAB - Presidente, o primeiro item do documento que lemos há pouco e que mostramos aos telespectadores mostrou a insatisfação do Judiciário com o Executivo na questão do repasse das verbas. O que o Senhor tem a declarar a respeito deste assunto?

O Presidente - Esse é um assunto, todos nós sabemos, que já se vai tornando quase cansativo. Mas nós não temos como abandonar este assunto, uma vez que a sua atualidade permanece, em razão da insistente resis-

---

* Entrevista ao "Jornal do Judiciário", transmitido pela TVE.

PODER JUDICIÁRIO
FLAGRANTES INSTITUCIONAIS

tência de vários Governos estaduais em, como dissemos na carta, cumprir o seu dever constitucional para com a autonomia do Poder Judiciário. Não se trata de dar alguma coisa ao Poder Judiciário nem de pagar, a rigor, mas, sim, de entregar alguma coisa que, na verdade, pertence ao Poder Judiciário, pois lhe é de direito, está a ele destinado pela Lei Orçamentária. Não temos, portanto como deixar de insistir neste assunto. Pode parecer até exageradamente repetitivo nos encontros dos Colégios de Presidentes: o que ocorre é que não apenas vem permanecendo o constante atraso nos repasses em vários Estados, como se começa a notar, isso também deixamos registrado na carta do Rio um concerto entre vários Governos estaduais que se organizam e se reúnem exatamente para definir estratégias voltadas especificamente para prejudicar o Poder Judiciário Estadual. Evidentemente, não podemos tolerar isso e continuaremos a denunciar, quantas vezes se torne necessário, esse tipo de manobra.

CAB - O Judiciário, Desembargador-Presidente, não tem sido envolvido nas discussões desta Reforma Constitucional e Administrativa que está atualmente em curso em Brasília. O que a Magistratura Brasileira pretende fazer para alterar esse quadro?

O Presidente - Tem reivindicado constantemente uma participação maior não apenas nossa, mas uma participação de todos os segmentos sociais que, afinal de contas, a eles se destina qualquer disposição constitucional e, particularmente, daqueles segmentos e daquelas instituições que de um modo mais diretamente se envolvem, daquelas instituições às quais mais diretamente diz respeito cada uma dessas reformas constitucionais. Faz-se reforma administrativa sem ouvir as administrações e os seus agentes que são os servidores públicos. Faz-se uma reforma administrativa que é contra o serviço público. Procura-se difundir a idéia de que tudo o que é público é mau, e só é bom aquilo que é privado. Infelizmente, essa é a mentalidade que se tem disseminada no País e que tem inspirado a chamada Reforma Administrativa. Nós nos posicionamos muito firmemente contra isso e, de um modo muito genérico, contra este vezo de impor reformas de cima para baixo, o que também está-se tentando fazer com o capítulo do Poder Judiciário da Constituição Federal. Já existe um projeto muito avançado, para não dizer pronto, no qual não tivemos qualquer possibilidade de influir, exatamente porque não nos foi dada oportunidade de manifestação. Somente agora, no encontro do Rio de Janeiro, obtivemos do Deputado Jairo Carneiro, que é o Relator desta matéria na Câmara dos Deputados, uma oportunidade para sermos ouvidos a respeito e, assim mesmo, dentro de um período muito curto, muito apertado, no qual teremos dificuldade em nos manifestar. A ninguém se ouve ou consulta, nem mesmo às pessoas ou instituições diretamente envolvidas.

De um modo geral, as reformas constitucionais que estão sendo feitas ou que estão sendo cogitadas não estão sendo acompanhadas das necessárias consultas profundas, como deveriam ser, completas, como deveriam ser, à sociedade em geral e, particularmente, àqueles segmentos afetados pelo conteúdo de cada uma das reformas.

CAB - Presidente, uma das questões que se vêm enfrentando também é com relação ao pagamento dos magistrados que estão aposentados.

O Presidente - Pois temos agora, aqui no Rio Grande do Sul, mais essa novidade. Temíamos uma grave ameaça de se verem os nossos aposentados, os nossa servidores e não apenas os magistrados, mas também os funcionários inativos do Poder Judiciário, atingidos por uma providência absolutamente autoritária, qual seja, essa de, unilateralmente, estabelecer fracionamentos, limites para pagamentos parcelados, atropelando, claramente, o direito adquirido daqueles que, ao longo de uma dura carreira, conquistaram o que pensavam ser o seu direito à tranqüilidade e, agora, descobrem que esse direito também não existe.

CAB - Isso afeta toda a Magistratura, Presidente?

O Presidente - Afeta, com certeza, toda a Magistratura. E a nossa preocupação não é uma preocupação de ordem corporativa, repito, ainda mais uma vez; nós temos que pensar é nas condições de recrutamento. Qual é o tipo de gente que nós vamos poder recrutar para a magistratura se os candidatos souberem, de antemão, que a sua remuneração não tem, absolutamente, nenhuma garantia? O fundamento da garantia constitucional da irredutibilidade está precisamente na tranqüilidade que se precisa proporcionar ao julgador e na isenção dele em face da possibilidade de pressões de outros Poderes.

CAB - Des. Adroaldo Furtado Fabrício, Presidente do Tribunal de Justiça do Estado, nós agradecemos a sua presença no Jornal do Judiciário. Sempre que possível, o Senhor retorne ao nosso programa, porque, a final de contas, cremos que devemos esclarecer o posicionamento da Magistratura brasileira, da qual o Senhor é um dos líderes, diante dessas profundas reformas que estão-se anunciando no contexto nacional.
Boa noite.

É hora de enfrentar o autoritarismo*

O Presidente do Tribunal de Justiça do Rio Grande do Sul diz que há risco de fujimorização do Brasil, e convoca a sociedade a ampliar a democracia recorrendo cada vez mais ao Judiciário. A entrevista começou há poucos minutos. As sobrancelhas do desembargador Adroaldo Furtado Fabrício arqueiam-se um pouco mais, e percebe-se que são profundas as rugas que ele tem na testa. Provocado pela pergunta, este gaúcho de 62 anos começa a falar da ameaça autoritária que, a seu ver, pesa sobre o país.

Não é nada que se pareça com um discurso: Adroaldo alinha fatos e, com base neles, ensaia conclusões. O Presidente da República teria falado em constituir uma "bancada governista" no Supremo Tribunal Federal. Um dos ministros mais próximos a ele reclama que o Judiciário se curve aos "interesses do Estado". A mídia afaga o poder. "A bola da vez é o Judiciário", vê o desembargador.

Adroaldo não recomenda, porém, o medo. Contra o fantasma do autoritarismo, ele sugere uma receita que parece ter cozido em fogo brando, ao longo de uma carreira feita longe da corte, marcada pela militância nos rincões do interior e pelas seguidas promoções por merecimento. Para garantir a democracia, convoca o

---

* Entrevista concedida ao periódico "Carta Maior", de São Paulo, SP, ano III, nº 5, maio de 1997.

presidente de um dos tribunais mais importantes do país, é preciso que a sociedade bata às portas da Justiça. É uma opinião de quem faz o que fala. O Judiciário gaúcho, que Adroaldo hoje preside, desenvolveu nos últimos anos um esforço antilentidão, cujos resultados superam os alcançados na Europa ou nos EUA. Foi também no Rio Grande que surgiu há anos a experiência hoje consagrada dos Juizados Especiais, ou de "pequenas causas". Em 27 de abril, um dos cidadãos que liderou este processo falou com exclusividade a *Carta Maior*.

Carta Maior - O senhor sugeriu, num artigo recente, que o Brasil vive sob ameaça de agigantamento do Poder Executivo e "fujimorização". Estes riscos persistem?

Adroaldo Fabrício - A constatação não é só minha. O Colégio Nacional dos Presidentes de Tribunais de Justiça alertou para o risco, ao reunir-se há semanas em Macapá. Parece evidente que o Executivo já ocupou parcela importante do espaço do Parlamento, e mostra propósito muito claro de avançar sobre espaços reservados ao Judiciário. Opõe resistência clara ao cumprimento de decisões judiciais, de modo que estamos sentindo que somos a "bola da vez".

Carta Maior - A medida provisória que dificulta o julgamento da inconstitucionalidade das leis e as acusações do ministro Bresser Pereira ao Judiciário, por "não colaborar com o Estado", fazem parte do processo?

Adroaldo Fabrício - A medida provisória não é, em si, muito grave. Mas no contexto em que foi editada, ajuda a compor o quadro geral de ameaças. As declarações do ministro Bresser reproduzem outras, vindas das altas esferas do Poder Executivo. Revelam completa falta de conhecimento dos mecanismos de funcionamento da Justiça. O próprio presidente da República parece não compreender que os pontos de vista do juiz e do administrador são necessariamente distintos. Um atua em função de resultados; outro tem em vista o cumprimento da lei. Afirmar que o Judiciário não colabora com o desafogo de caixa do Tesouro Nacional não é sequer racional. Se a Justiça trabalhasse em função dos interesses do erário, e não da preservação da legalidade, aí sim o Judiciário estaria faltando com sua finalidade.

Carta Maior - O senhor tem associado o agigantamento do Executivo a uma espécie de "avalancha" das idéias neoliberais.

Adroaldo Fabrício - Essa avalancha tornou-se possível graças a um casamento perigoso para a sociedade e a democracia. Os objetivos do governo e os do grande empresariado estão coincidindo em demasia, e a mídia abençoa esta união. Acabo de ler o artigo de um jurista italiano que analisa o "fenômeno Berlusconi", que se abateu sobre aquele país. Tudo começou pela formação de um "partido-empresa", a partir de um grande complexo de comunicação social. Ao chegar ao poder, este partido transformou-se num "governo-empresa", o que deu origem a conseqüências institucionais desastrosas.

Carta Maior - Algum paralelo com a situação brasileira?

Adroaldo Fabrício - Tenho medo de que este filme ainda seja exibido no Brasil — ou de que já esteja em cartaz, com um dublê no lugar do ator principal.

Carta Maior - O senhor tem afirmado que o avanço do Executivo é favorecido pelas vulnerabilidades do Judiciário. Quais são elas?

Adroaldo Fabrício - Não dispomos de força. Os cordões da bolsa e os comandos militares estão à disposição do Executivo. Quando precisamos de dinheiro ou da força pública, para garantir a execução de nossos julgados, somos obrigados a recorrer à intermediação desse Poder. Além disso, há problemas na forma de compor os tribunais superiores.

Carta Maior - Quais são?

Adroaldo Fabrício - Vigora, em especial no Supremo Tribunal Federal, o sistema de indicação unipessoal dos ministros. Eles são escolhidos a dedo pelo Presidente da República, o que concede um poder enorme ao chefe do Executivo. A imprensa registrou que caso o atual chefe de governo obtenha um segundo mandato, ele terá indicado, ao final de seu período de governo, nove dos onze integrantes do STF. O curioso é que nenhuma das variantes de "Reforma do Judiciário" que têm sido debatidas trata desse assunto. É como se a forma atual de compor os tribunais superiores estivesse perfeita.

Carta Maior - Quais seriam as bases de uma reforma que aproximasse a Justiça do povo?

Adroaldo Fabrício - Precisamos pensar numa estrutura que deselitize a escolha dos membros dos tribunais superiores e elimine os vínculos entre política partidária e composição dos tribunais. De um ponto de vista mais amplo, é indispensável aproximar o Judiciário do jurisdicionado, o que equivale a democratizá-lo. Já estamos fazendo isso através de alguns instrumentos, sobretudo os juizados especiais. Como os postos de juízes não são eletivos no Brasil, a Justiça tem de buscar sua legitimidade através do contato direto com o povo. Os problemas que não são intrínsecos à própria natureza da Justiça – entre eles a demora dos processos – podem ser vencidos. No Rio Grande do Sul, a média de tramitação é dezoito meses, desde o ajuizamento até o trânsito final em julgado. É um índice melhor que o dos EUA ou da Europa.

Carta Maior - Os avanços da Justiça gaúcha estão relacionados às influências que o chamado "direito alternativo" tem no Rio Grande?

Adroaldo Fabrício - Não há propriamente influência, mas uma correlação entre os dois fenômenos. Tanto a maior preocupação de eficiência, que constatamos no Rio Grande do Sul, quanto o "direito alternativo" têm a mesma raiz, que é uma inquietação dos nossos juízes. Não são acomodados, não assumiram a postura do funcionário público anedótico, que anseia apenas pelo final do expediente. O melhor exemplo é que aqui se criou, na década de 80, sem nenhuma base legal ou apoio externo, o sistema que se transformou nos juizados de "pequenas causas", hoje Juizados Especiais. O primeiro foi formado na comarca de Rio Grande, e o segundo, no Sarandi, em Porto Alegre.

Carta Maior - O cidadão brasileiro depara-se com o poder opressivo dos bancos. De que forma a Justiça pode estabelecer uma relação mais democrática entre sociedade e sistema financeiro?

Adroaldo Fabrício - A Justiça já vem colaborando nesse sentido. No grande balanço, o sistema financeiro ainda está levando vantagem sobre os usuários de seus serviços. Mas o Judiciário tem colocado freios à ganância desmedida dos bancos, mediante a aplicação de alguns instrumentos legais novos, como o Código de Defesa do Consumidor. É preciso que novas causas cheguem aos tribunais. Há, no Brasil, infelizmente, uma cultura de acomodação. O próprio código do consumidor não tem alcançado todos os seus objetivos, em grande parte, porque o cidadão não tem a cultura de reclamar. Em relação aos bancos, ainda há muita gente que é prejudicada, mas prefere ficar quieta. Esse costume, felizmente, está começando a mudar.

Carta Maior - Apesar do ufanismo dos jornais, há indícios de problemas graves na conjuntura, como exclusão social e dificuldades na balança comercial. Como a sociedade pode reagir aos sinais de turbulência?

Adroaldo Fabrício - Primeiro, é preciso abandonar a cultura da acomodação, ir a juízo, estar disposto a enfrentar o inimigo. Além disso, devemos exigir dos meios de comunicação que apresentem honestamente os fatos. Na mídia reside, hoje, um imenso embaraço ao exercício da cidadania. No mundo moderno, somos levados a crer que o que não saiu no jornal simplesmente não aconteceu, embora possa ter custado a vida ou a honra de alguém. A sociedade precisa forjar meios alternativos de se fazer ouvir.

$\mathcal{P}$rojeto administrativo para 1997*

Carlos Alberto Bencke - *Em primeiro lugar, Presidente, quais são as prioridades para 1997 na administração do Tribunal de Justiça, já que estamos agora na abertura do Ano Judiciário?*

Des. Adroaldo Furtado Fabrício - Eu diria que a prioridade das prioridades é continuar buscando a manutenção, no alto nível que temos conseguido, da autonomia e independência do Poder, porque é por meio desse objetivo que nós podemos perseguir a nossa finalidade última, que é a de continuamente aperfeiçoar a prestação do serviço jurisdicional.

Com vistas a esse ponto, estamos muito preocupados com o número altíssimo de vagas que temos no Quadro de Juízes e que esperamos poder reduzir substancialmente durante este ano de 1997, por meio da nomeação de novos Juízes.

CAB - Nós vimos, Sr. Presidente, cenas que mostram o novo prédio do Judiciário, esse em que está localizado agora, pelo menos agora, o Tribunal de Alçada. Para quando está previsto o término da obra?

Des. Fabrício - Nós temos uma opção de entrega de mais uma parcela para aproximadamente fins de abril ou meados de maio, quando nós teremos condições de

---

* Entrevista ao "Jornal do Judiciário", transmitido pela TVE, fevereiro de 1997.

transferir alguns serviços, provavelmente as Câmaras Criminais do Tribunal de Justiça, para esse prédio novo. Agora, a conclusão integral das três torres demandará, provavelmente, ainda mais de ano e meio de trabalho.

CAB - Isso com o dinheiro sempre à mão?

Des. Fabrício - É, se nós conseguirmos manter o ritmo atual de investimento nessa obra, que é da ordem de 700 mil reais ao mês. Se nós conseguirmos, estamos tentando viabilizar esta alternativa, aumentar essa dotação mensal para alguma coisa em torno de um milhão ao mês, há possibilidade de aprontarmos ainda neste ano, no final do ano, o prédio inteiro.

CAB - Com isto, com esse prédio novo, Presidente, cada Juiz de Alçada e cada Desembargador conseguirá ter o seu gabinete de trabalho? Porque antes não tinham absolutamente nada. Trabalhavam em casa, por exemplo.

Des. Fabrício - É verdade. A maior parte dos Desembargadores trabalham em casa, porque no Tribunal, ainda que houvesse uma opção do Desembargador por trabalhar na sede, afinal de contas, no seu Tribunal, não há espaço físico disponível.

CAB - No seu local de trabalho, Presidente?

Des. Fabrício - Exatamente. Nós temos alguns gabinetes lá no Palácio da Justiça, mas não mais do que um para cada Câmara. Ora, cada Câmara tem quatro Desembargadores, o que, evidentemente, resulta numa aritmética impossível de realizar.

CAB - E são saletas, para quem não conhece, aproveitadas embaixo da escada do Tribunal de absolutamente impróprias para esse tipo de gabinetes, além de pequenas, não é?

Des. Fabrício - É. A situação geral do prédio do Palácio da Justiça, hoje, é muito ruim, porque foram-se inventando espaços, foram sendo ocupadas áreas que, na verdade, seriam áreas de circulação, foram feitos acréscimos junto às escadas, com materiais leves, do tipo Duratex ou similar, e isso tudo descaracterizou, funcional e arquitetonicamente, o prédio, criando algumas dependências muito ruins do ponto de vista de conforto e de funcionalidade.

CAB - Presidente, e prédios dos Foros do Interior, quais são as prioridades para 1997?

Des. Fabrício - Nós temos um empenho muito grande em iniciar a obra do Foro de Canoas por tratar-se da Comarca, hoje, mais malservida, mais caótica em termos de instalações físicas. É a pior que nós temos. E também estamos priorizando o andamento de uma obra já em andamento, que é a do Foro de Alvorada, que devemos concluir neste ano, que é outra Comarca também extremamente problemática no que diz respeito a instalações.

CAB - Presidente, pelo relatório, nós temos uma média de 500 processos/ano por Desembargador. Este número não é demais, Presidente?

Des. Fabrício - É, esse número é absolutamente excessivo. Quando se tentou quantificar em lei esse limite, na Lei Orgânica da Magistratura, fixou-se um quantitativo que, para os padrões internacionais, já é um pouco exagerado, que seria da ordem de 300 processos por Relator. Hoje, estamos a caminho de duplicar esse limite.

CAB - Presidente, o orçamento para 1997 é suficiente para atender às necessidades de todo o Poder Judiciário do Estado do Rio Grande do Sul?

Des. Fabrício - Não, não é. O orçamento que nós havíamos proposto para o Poder Judiciário contemplava aquela vital quantia que se destinaria às despesas com os novos Juízes que nós pretendemos nomear e o correspondente preenchimento das vagas no quadro funcional de apoio, e precisamente essa quantia foi eliminada da proposta, de modo que eu ainda não sei com que recursos vou prover apenas parte, que seja, das vagos existentes. Já nem falo de aumentar o quadro, providência que já se faz urgente, mas de simplesmente preencher uma parte – não a totalidade – dos cargos vagos, hoje próximos a duzentos.

CAB - Bem, este é o Presidente do Tribunal de Justiça do Estado do Rio Grande do Sul, que nos deu essa entrevista, como sempre, muito franco e muito aberto, muito transparente, para os telespectadores do Jornal do Judiciário.

Agradecemos, Presidente, a sua presença aqui, mais uma vez, e que 1997 sorria um pouquinho melhor para todos nós.

Des. Fabrício - Mais uma vez, também, foi um prazer, e essa perspectiva otimista também é a minha, porque não podemos nos dar por vencidos.

CAB - Perfeitamente. Boa noite.

$\mathcal{A}$ questão dos precatórios*

Carlos Alberto Bencke - *Estamos acompanhando os desdobramentos da Comissão Parlamentar de Inquérito no Senado Federal, criada para apurar as possíveis irregularidades praticadas pelos Estados e Municípios no pagamento de suas dívidas judiciais. Recentemente, o Rio Grande do Sul pôs fim a um dos processos mais arrastados de cobrança de dívida judicial. Após vinte e sete anos, em mandado de segurança, determinou ao Estado pagar o precatório parcelado de R$ 20.000.000,00. Apesar do noticiário constante, grande parte do público ainda desconhece esse instrumento de cobrança de dívidas, em que figura como devedora a Fazenda Pública. Para esclarecer esse assunto, convidamos o Presidente do Tribunal de Justiça do Estado, Des. Adroaldo Furtado Fabrício. Em primeiro lugar, boa noite, Desembargador.*

Des. Adroaldo Furtado Fabrício - Boa noite.

CAB - Vamos começar explicando, Desembargador, o que são precatórios e como eles se originam, para conhecimento do nosso público telespectador.

Des. Fabrício - Os precatórios são requisições de pagamento que o Poder Judiciário expede para o Tesouro, no nosso caso, aqui, o Tesouro do Estado. Esses precatórios representam a forma de execução dos débitos a cujo pagamento o Poder Público foi condenado.

---

* Entrevista ao "Jornal do Judiciário", transmitido pela TVE em abril de 1997.

Tentemos clarear um pouco mais isso. A execução que se faz contra particulares consiste em ir ao patrimônio do devedor, apanhar bens que lá estão, mediante uma penhora, e, oportunamente, vendê-los para fazer dinheiro e pagar o credor.

Como os bens públicos, os bens do Estado não são penhoráveis, o mecanismo de execução tem de ser outro, que é o da expedição de ordens de pagamento ao Tesouro, que coloca os depósitos correspondentes à disposição do Judiciário para pagamento aos credores.

CAB - Vamos entrar agora, Presidente, nos fatos que colocaram os precatórios na ordem do dia em todos os noticiários do País. Quais foram esses fatos e por que se originaram?

Des. Fabrício - Esses fatos tiveram origem numa infeliz disposição do Ato das Disposições Transitórias da Constituição de 1988, art. 33, que autorizou uma espécie de, se me permite, "calote constitucional". Todos os débitos até então existentes tiveram autorizado o seu parcelamento em oito anos. Então, ao longo de oito exercícios, os Estados, Municípios e a própria União ficaram autorizados a parcelar ano a ano todos os débitos de precatórios até então pendentes. E, paralelamente, ficaram os entes públicos devedores autorizados, também, a emitir títulos da dívida pública a fim de angariar recursos para fazer esses pagamentos parcelados.

Alguns administradores públicos, como hoje é notório e conhecido de todo o País, abusaram na emissão desses título emitindo valores muito superiores aos débitos existentes. Resultou que, num filão desse tipo, evidentemente, algum vigarista iria interpor-se, como aconteceu realmente.

CAB - Atravessou-se.

Des. Fabrício - Atravessou-se, e isso resultou no tremendo escândalo que hoje está na rua. Passou a circular no mercado um dinheiro clandestino, à busca de regularização, e não faltou quem se dispusesse a lavá-lo.

CAB - Em relação aos precatórios, como é feito o pagamento desses precatórios, Presidente?

Des. Fabrício - Os precatórios normais, não-parcelados, porque isso aí é uma coisa excepcional, expedidos até o dia 31 de julho são incluídos no orçamento do exercício seguinte, porque o Poder Público não pode pagar nada que não esteja no orçamento.

Então, aquilo que dá entrada até o dia 31 de julho no Tesouro é incluído na previsão orçamentária do ano correspondente. E o depósito da quantia respectiva deveria ser feito na prática, nem sempre é até o último dia do mesmo exercício. Na prática, nós sabemos que isso não tem ocorrido. Ocorrem atrasos grandes e, inclusive, acúmulos muito volumosos, como esse que havia em 1988 e que acabou sendo parcelado e ensejando toda essa lamentável farsa.

CAB - Esse dinheiro é do Poder Judiciário?

Des. Fabrício - Não, esse dinheiro não é do Poder Judiciário; ele apenas, na sua liberação para os credores, é controlado, acompanhado pelo Poder Judiciário para um único e exclusivo efeito, que é o de assegurar a prioridade da ordem seqüencial, cronológica, dos pagamentos, isto é, que os pagamentos sejam feitos rigorosamente na ordem da apresentação dos precatórios ao Tesouro.

CAB - Existem aqui no Rio Grande do Sul, Presidente, centenas de pessoas, todos nós sabemos que existem, elas estão aí reclamando, aguardando há tempo o pagamento de seus precatórios. Eventuais medidas que possam vir a ser tomadas com relação à questão dos precatórios poderão afetar a situação desses credores, retardando ainda mais o pagamento?

Des. Fabrício - Acredito que sim. Vejo no horizonte de hoje, digamos assim, duas ameaças aos créditos dessas pessoas que têm a receber mediante precatórios. A primeira delas é a suspensão, que já está ocorrendo, por deliberação do Senado Federal, da emissão de novos títulos, de quaisquer novas emissões. Isso significa que aqueles Estados e Municípios que contavam com essas emissões de títulos para possibilitar pagamentos poderão alegar, talvez, que não dispõem de recursos porque não podem emitir títulos. Isso poderá acarretar alguma demora suplementar nos pagamentos, normalmente já tão demorados. Outra ameaça que existe é um novo projeto de parcelamento que está no Congresso Nacional, isto é, vai-se repetir o erro de 1988. Pretende-se, por meio de uma emenda constitucional, estabelecer um novo parcelamento, agora de quatro anos, de todos os débitos exigíveis mediante precatórios que estejam pendentes nessa data.

CAB - Existem, em meio a esses precatórios, também alguns que são oriundos do atraso ou do não-pagamento efetuado pelo Estado de salários dos servidores. Isso não é considerado como verba de alimentacão? Estaria fora dos precatórios?

Des. Fabrício - Nos casos em que o débito é de caráter alimentar, como no exemplo lembrado, o mecanismo de execução também é o precatório, mas aí é, digamos assim, uma outra fila, uma ordem preferencial à parte. Os precatórios alimentares e os não-alimentares são separados em dois grupos distintos para garantir a prioridade daqueles de caráter alimentar.

CAB - Muito bem. Des. Adroaldo Furtado Fabrício, Presidente do Tribunal de Justiça do Estado, mais uma vez, agradecemos a sua presença aqui no Jornal do Judiciário, para esclarecer especialmente aos nossos telespectadores este momentoso assunto: os precatórios e a CPI que está-se realizando. Boa noite.

Constituinte: uma oportunidade perdida*

A reforma constitucional é um dos principais temas debatidos em dois eventos realizados no mês de junho, reunindo setores representativos da sociedade. Ambas as ocasiões contaram com a presença do Presidente do Tribunal de Justiça, Desembargador Adroaldo Furtado Fabrício, como painelista. O primeiro painel, sobre a "Harmonia e Independência dos Poderes", no dia 6, integrou o Seminário sobre "Reforma Constitucional e Poder Político: Aspectos Jurídicos e Éticos", promovido pela Comissão de Constituição e Justiça da Assembléia Legislativa. Posteriormente, houve o Fórum Nacional de Debates sobre o Poder Judiciário, dos dias 11 a 13, em Brasília, realizado pelo Superior Tribunal de Justiça. Neste, o Presidente do Tribunal de Justiça do Rio Grande do Sul participou de um painel sobre "O Juiz no Mundo Contemporâneo". Estes acontecimentos estiveram em pauta no Jornal do Judiciário, levado ao ar pela TVE no último dia 18 de julho. A seguir, o texto da entrevista concedido pelo Desembargador Adroaldo Furtado Fabrício aos apresentadores do programa, o Juiz de Alçada Carlos Alberto Bencke e o Juiz-Corregedor Túlio de Oliveira Martins.

---

* Entrevista ao "Jornal do Judiciário", transmitida pela TVE em 18 de julho de 1997 e transcrita no boletim experimental "O Acórdão", número Zero, julho de 1997.

PODER JUDICIÁRIO
FLAGRANTES INSTITUCIONAIS

TOM - Qual a análise, Presidente, que o senhor faz do Fórum promovido pelo Superior Tribunal de Justiça?

Presidente - O Fórum foi oportuno, e os resultados, muito bons. A discussão foi aberta e nos dois primeiros dias nós, juízes, ouvimos setores variados da sociedade. Apenas no terceiro dia é que falaram os juízes, integrando os painéis.

CAB - Qual é a percepção da sociedade em relação ao Judiciário?

Presidente - Nós sentimos que há uma preocupação muito grande de todos os setores da sociedade com as questões do Judiciário, a eficiência do serviço prestado e o problema da celeridade processual. Tivemos um painel com seis jornalistas representativos de grandes órgãos da imprensa nacional. A mora judicial é um ponto que retorna sempre ao debate e deverá ser atacado por qualquer reforma que se pretenda.

TOM - De qualquer forma é extremamente positivo que seja levada a debate dentro do próprio Judiciário esta questão da celeridade, até para que a sociedade veja aonde temos carências e dificuldades, o porquê de uma eventual demora.

Presidente - Não temos por que esconder aquilo em que somos bons. A Justiça Estadual do Rio Grande do Sul está em uma situação que se pode considerar privilegiada. O tempo médio de duração dos processos é hoje o melhor do Brasil. Temos alguma coisa em torno de 18 meses até o trânsito em julgado, a partir do ajuizamento, o que é melhor que as médias norte-americana e européia de hoje.

CAB - Trocando em miúdos, Presidente: trânsito em julgado da decisão em 18 meses, isto é, desde que a parte ingressa com a ação em juízo até que tenha efetivamente a prestação da Justiça.

Presidente - Exatamente. Desde o ajuizamento, até o julgamento definitivo e irrecorrível. Computando os resultados excelentes dos Juizados Especiais, nossa média chega a 18 meses, um índice mundialmente bom.

CAB - O senhor participou também daquele Fórum na Assembléia Legislativa. Lá falou basicamente sobre essas mesmas situações, sobre a reconstitucionalização do país através de um Poder Constituinte exclusivo.

Presidente - Essa é uma idéia que tenho sustentado, inclusive já publiquei alguma coisa neste sentido. Penso que nós perdemos, o Brasil perdeu, em 1988, uma oportunidade de ouro para elaborar uma Constituição realmente brasileira e adequada às nossas necessidades.

CAB - Perdeu novamente em 1993, não é ?

Presidente - Em 1993 esta oportunidade já não existia, porque se tratava de uma revisão que necessariamente teria que ser feita pelo Congresso. Eu digo que em 1988 nós perdemos uma oportunidade de ouro, porque ali tivemos a possibilidade de formar uma Constituinte exclusiva, isto é, um corpo constituinte para elaborar exclusivamente a Constituição, sem aqueles compromissos que o parlamentar tem com a sua atuação futura de legislador ordinário.

TOM - Esta mistura do processo eleitoral com o processo legislativo constituinte é sempre inconveniente, não é, Presidente?

Presidente - Esta mistura é péssima. Penso eu que os grandes defeitos de que padece a nossa Constituição nascem exatamente daí. E vejo que o primeiro vício, digamos assim, de um Congresso Constituinte se manifesta na própria falta, na própria distorção da representatividade do Congresso Nacional. Nós herdamos dos regimes militares uma representação congressual em que populações menores têm representações maiores. Quer dizer, o voto do eleitor paulista vale uma qüinquagésima parte do voto do acreano, por exemplo. Esta estrutura, que foi construída pela ditadura militar para se garantir junto ao Congresso, perdurava em 1988. Conseqüentemente, é claro que aqueles mesmos que se beneficiaram desta situação de privilégio não teriam com certeza interesse algum em modificá-la. Era o próprio Congresso que estava distorcido quanto à representação nacional.

CAB - Hoje, seguramente, não vamos ter essa Constituinte, e as reformas vêm aí. Qual a solução para isto? Essa idéia sobre a qual há pouco estávamos falando de que se reforma a cúpula e não se pensa na base?

Presidente - Isto eu procurei enfatizar na minha participação em Brasília. O enfoque da reforma, no que diz respeito ao Poder Judiciário, está absolutamente errado, porque a preocupação é com a cúpula. Temos um sistema judiciário extremamente centralizado nos Tribunais Superiores e isto é que precisaria ser mexido. A nossa mania de valorizar as cúpulas, que é uma mania muito brasiliense, muito típica da mentalidade da Corte, leva-nos a ver modificações a serem feitas no Supremo Tribunal Federal que não são as melhores, aliás. Pensa-se nos Tribunais Superiores e não se cogita de modificar a situação existente na jurisdição de ponta, na jurisdição de 1º Grau, exercida pelo Juiz lá no cara-a-cara com o jurisdicionado.

TOM - Vinculado diretamente ao cidadão ...

Presidente - Claro. Diretamente ligado à cidadania e em uma convivência muito íntima com a sociedade. O Juiz de 1º Grau é mais sensível, está mais próximo, mais integrado ao convívio da sociedade. Por isso mesmo tem condições de captar melhor as necessidades do jurisdicionado e não é valorizado. O próprio advogado, de certo modo, vê o Juiz de 1º Grau como simples porta de acesso aos Tribunais detentores da competência recursal. Ele quer uma sentença. Nem está preocupado em saber se vai ganhar ou perder em 1º Grau. Ele quer acesso ao recurso. O Juiz de 1º Grau vira uma espécie de Juiz-instrutor.

CAB Aliás, é uma mania nacional, o recurso.

Presidente - Mania nacional. Mas isto seria outro problema. Daria para falar uma semana inteira.

"Não admito interferência no meu Poder"*

Em dois pontos da Praça da Matriz, as palavras do Desembargador Adroaldo Furtado Fabrício, Presidente do Tribunal de Justiça, costumam provocar frisson: no Palácio Piratini e na Assembléia Legislativa. *"Nossas relações são frágeis" admite o desembargador, com à franqueza que já lhe rendeu desentendimentos com os chefes dos outros dois Poderes. Aos 62 anos, Fabrício começa a pensar na aposentadoria. Ainda não sabe como vai ocupar seus dias, mas já definiu dois parâmetros: "Só vou fazer o que me der muito prazer, ou muito dinheiro". Pai de cinco filhos, Fabrício se define como pertencente a uma espécie em extinção: "Estou casado há 40 anos com a mesma mulher, sou heterossexual absoluto e nunca me vendi, de modo que estou meio fora de moda ", brinca. Na sexta-feira à tarde, Fabrício abriu espaço na sua carregada agenda para uma conversa de quase duas horas, em seu gabinete, sobre os problemas do Judiciário, a insatisfação dos magistrados e as relações com os outros Poderes:*

Zero Hora - *O senhor acredita que o Judiciário precisa de reformas para se tornar mais ágil?*

Adroaldo Fabrício - Eu tenho dito que o Judiciário precisa sim, de reformas, mas não das reformas que vêm sendo apregoadas e daquelas que estão em pauta no

---

* Entrevista publicada no Jornal "Zero Hora" de 10 de agosto de 1997.

Congresso. A principal crítica que eu faço é que as mudanças propostas estão muito voltadas para a cúpula do Judiciário, para os tribunais superiores, e pouco preocupadas com a parte mais importante, a Justiça de 1º grau, os juízes que atuam diretamente em contato com a população. É aí que se extinguem 99% dos processos.

ZH - Mas ocorreram alguns avanços nos últimos anos?

Fabrício - De vez em quando surgem algumas idéias interessantes, como os juizados especiais. Esses juizados, nascidos aqui no Rio Grande do Sul, foram a melhor novidade da história do Judiciário.

ZH - A autonomia constitucional do Judiciário está sendo atingida com o não-cumprimento da política salarial?

Fabrício - A Constituição não nos dá o direito de fixar a remuneração dos nossos servidores, como alguns têm sugerido. A Constituição atribui ao Poder Judiciário a iniciativa de encaminhar o projeto, mas não a decisão final.

ZH - O que o senhor pretende fazer se a Assembléia não aprovar o aumento retroativo a outubro de 1996?

Fabrício - Se eu respondesse isso estaria falando sobre hipóteses. Eu prefiro aguardar os acontecimentos e trabalhar sobre os acontecimentos. Isso talvez seja um pouco cautela de juiz que é acostumado a trabalhar com o caso concreto. Como a Assembléia elaborou um projeto de resolução com os mesmos índices de reajuste que concedemos aos nossos servidores, e também retroativo a outubro, isso parece abrir uma perspectiva de que o nosso seja aprovado. Qualquer coisa que eu dissesse sobre o que pretendo fazer poderia ser interpretada como pressão ou como interferência nos assuntos de outro Poder. Assim como eu não admito interferência no meu Poder, eu não quero interferir nos outros.

PODER JUDICIÁRIO
FLAGRANTES INSTITUCIONAIS

ZH - As relações com o Executivo e o Legislativo estão passando por uma fase crítica?

Fabrício - Eu não diria que as relações entre os Poderes tenham chegado a um ponto crítico. Nós nunca tivemos uma situação de rompimento nem com o Legislativo, nem com o Executivo. Nós temos um relacionamento que eu chamaria de frágil. Frágil no sentido de que qualquer acontecimento um pouco mais dramático pode causar uma situação de ruptura, mas felizmente nós nunca chegamos a uma situação de rompimento, de um não ter condições de conversar com o outro, e esperamos não chegar.

ZH - A recente invasão do plenário da Assembléia Legislativa põe em risco a democracia, como se afirmou?

Fabrício - Eu acho que é um precedente muito ruim, porque à medida que se desrespeitou uma instituição representativa de um dos Poderes do Estado, toda a estrutura institucional de um certo modo foi agredida. Foi um episódio extremamente negativo, na minha avaliação. Embora, como eu escrevi e publiquei, isso possa ter uma explicação, não teve justificativa. A explicação pode estar no próprio enfraquecimento dos parlamentares, que se descredenciaram perante a população, à medida que começaram a renunciar a tarefas, a abrir mão de atribuições, ora em benefício de outro Poder, ora em benefício do setor privado. Acho que isso contribuiu para a eclosão e chegou-se a um desfecho que considero lamentável.

ZH - Freqüentemente a Justiça é criticada por ser lenta. A acusação é procedente?

Fabrício - É e não é. No Rio Grande do Sul, hoje o índice médio de duração de um processo é de 18 meses, contados desde o ajuizamento da ação até o trânsito em julgado. E uma média mundialmente muito boa, melhor até que a dos Estados Unidos. É claro que de vez em quando aparece um processo que dura 20 anos ou mais e esses são os que mais chamam a atenção. Nos juizados especiais, casos como acidentes de trânsito são julgados em 20, 25 dias, e isso também deveria chamar atenção. Se nós tivéssemos um quadro funcional mais numeroso, seriamos mais ágeis.

ZH - Até que ponto a posse desses 90 novos juízes resolve as carências?

Fabrício - Eles representam um enorme progresso em relação à situação que nós tínhamos até agora. Chegamos a ter 207 vagas em nosso quadro, o que representava mais de um terço do número total de cargos de juiz no primeiro grau. Então, é claro que a admissão de 90 juízes, 45 já trabalhando, vai desafogar consideravelmente esse quadro. Mas nós não nos iludimos muito com isso, porque neste ano eu já assinei 26 aposentadorias do quadro de juízes. Há um grande desestímulo, uma grande insatisfação na magistratura, assim como no serviço público em geral. Essa insatisfação tem acelerado as aposentadorias.

ZH - Essa falta de estímulo é apenas salarial?

Fabrício - Não, mas é também salarial. Eu pessoalmente não me queixo do que eu ganho, mas a verdade é que nós temos um grande número de colegas em situação extremamente difícil, no que diz respeito à sua situação econômica, principalmente aqueles que estão com família, com filhos. Imagina um cidadão que vem do interior, ele vai pagar pelo menos R$ 1.200 de aluguel, vai pagar uns R$ 800 de faculdade para dois filhos, e esse sujeito ganha líquidos R$ 2.500. É uma situação que preocupa, porque nós estamos já passando de 30 meses sem qualquer reposição. Mas o desestímulo mais grave vem de uma espécie de campanha de desvalorização do que é público.

PODER JUDICIÁRIO
FLAGRANTES INSTITUCIONAIS

ZH - Quanto ganha um magistrado?

Fabrício - Os juízes, ao ingressarem na carreira, ganham R$ 4.800, brutos. Encerram com um básico de R$ 6 mil. O desembargador com o máximo de tempo de serviço, aquele que tem todas as vantagens possíveis, ganha R$ 9.900 brutos, pouco mais de seis mil líquidos.

ZH - Mudou alguma coisa com a entrada desse grande número de jovens e mulheres na magistratura?

Fabrício - Eu acho que o Judiciário está ficando mais bonito (*risos*). A cada concurso, a proporção de mulheres que ingressam é maior. Eu acredito que isso acompanha uma tendência geral, em todo o mercado de trabalho. Na cúpula do Tribunal de Justiça, temos apenas uma mulher. Na entrância inicial, a proporção já é de uns 50%.

A qualidade no Poder Judiciário[*]

Entrevistadora - Desembargador, o Poder Judiciário foi agraciado com o Prêmio Qualidade RS/97, que aponta as organizações gaúchas com destaque pelo desempenho e produtividade apresentados. Como o Presidente do Tribunal de Justiça recebe essa premiação?

Des. Adroaldo Furtado Fabrício - Nós vemos isso como uma conquista importantíssima, porque o nosso Programa de Qualidade é relativamente novo, iniciou na gestão imediatamente anterior à minha e já está produzindo, como se pode ver deste resultado, frutos muito bons. Já temos resultados concretos, que se traduzem exatamente nessa premiação.

Acho importante destacar que, dentre todas as instituições e entidades agraciadas nessa avaliação do Programa Gaúcho de Qualidade, apenas um órgão do setor público foi contemplado, precisamente o Poder Judiciário. Isto se deve, naturalmente, ao empenho de uma equipe muito boa que temos trabalhando nesta área.

Entrevistadora - Como está a atual situação do Judiciário no Estado? Existem condições materiais e humanas para que o Judiciário possa desempenhar adequadamente estas funções?

---

[*] Entrevista ao programa "Questão de Justiça", Canal 20, 11 de maio de 1997.

Des. Fabrício - Não. Temos uma deficiência muito grave, principalmente na área de pessoal judicante, isto é, no que diz respeito ao número de Juízes em atividade. Temos um total superior a duzentos cargos vagos atualmente no Estado; isto significa aproximadamente uma terça parte, ou um pouco mais até, do número de cargos existentes no primeiro grau de jurisdição. Trocando isso em termos de acréscimo, de sobrecarga de trabalho, poderíamos dizer que cada um dos nossos Juízes em atividade no primeiro grau de jurisdição está fazendo o seu trabalho mais cinqüenta por cento, que é o correspondente àqueles cargo vagos, que são cerca de um terço do total.

Entrevistadora - Qual o senhor apontaria como a principal razão dessa falta de juízes?

Des. Fabrício - Acredito que para isso concorram, em medida mais ou menos semelhante, várias razões. As deficiências do ensino jurídico, que lamentavelmente é uma realidade de todos conhecida – o ensino universitário em geral está em declínio e particularmente o ensino jurídico está bastante prejudicado, sobretudo pela desordenada proliferação de faculdades de Direito, muitas delas sem as mínimas condições de formação de alunos – este seria um dos fatores.

De outro lado, temos um nível de exigência do qual não podemos abrir mão porque nós não podemos imaginar que possam existir Juízes mais ou menos; ou o Juiz é um bom Juiz ou então não serve. De modo que o concurso é e precisa ser rigoroso, não apenas no aspecto da avaliação intelectual, mas também no que diz respeito à qualificação social do candidato, aos seus antecedentes, à sua personalidade, ao seu caráter. Todos estes fatores precisam ser levados em conta e restringem muito o universo da escolha. Também me parece que tem um certo peso na determinação dessa dificuldade de recrutamento: a baixa atratividade da carreira em termos tanto de condições de trabalho – este mesmo excesso, esta mesma sobrecarga a que me referi antes, evidentemente um fator que torna inatrativa a carreira - quanto à modesta remuneração oferecida também, que não corresponde ao *status* social à importância do cargo e à responsabilidade que ele envolve. Esse é igualmente outro fator de baixa atratividade.

Acho que a conjugação desses fatores todos tem conspirado para dificultar um mais eficiente e mais numeroso recrutamento de Juízes.

Entrevistadora - Discute-se na reforma administrativa a aprovação da Lei Camata, que impõe um limite de 60% do comprometimento do orçamento com a folha de pessoal. Este projeto de lei poderia ser cumprido pelo Judiciário nas atuais condições?

Des. Fabrício - A Lei Camata é um grande equívoco. Veja bem: quando se diz que a despesa com pessoal não deve exceder um determinado percentual, no caso fixado em 60%, está-se colocando um limite que realmente precisa existir, mas acredito que este limite deva ser considerado no conjunto total da Administração Pública. Não se pode examinar setorialmente isso. Se examinarmos, por exemplo, a situação de um órgão de obras públicas, um órgão que tem por finalidade precípua a construção, a execução de obras públicas, 60% é demais, o valor teria que ser menor. Se, por outro lado, no outro extremo, tomarmos um órgão cuja finalidade, cuja razão de ser está exclusivamente na prestação de serviços, e este é o caso da jurisdição, do Poder Judiciário, 60% é muito baixo, exatamente porque serviço é necessariamente pessoal. Na prestação de jurisdição, que é nossa tarefa por excelência, nós, necessariamente, vamos gastar mais em pessoal do que em qualquer outra área, a não ser que inventássemos obras desnecessárias, obras suntuárias, obras das quais na realidade não precisamos.

O nosso índice de investimentos fixos em comparação com os valores de remuneração de pessoal é muito modestos, é muito reduzido, exatamente porque a nossa área de atividade envolve prestação de serviços, e serviço quer dizer pessoal.

Entrevistadora - As decisões judiciais são vistas pelos Governos como empecilhos à modernização, principalmente nos projetos que dizem respeito ao desmonte do Estado. Fala-se muito também, atualmente, em conflito de Poderes. Como o senhor analisa esse momento pelo qual estamos passando?

Des. Fabrício - Em primeiro lugar, eu afastaria a idéia de conflito entre Poderes. O que existe, e é normal que exista, é alguma divergência entre Poderes, e até algum eventual atrito um pouco mais áspero, que pode acontecer em qualquer espécie de relacionamento humano, porque é claro que o interesse público é um só, mas cada organização tem seus próprios caminhos para buscar a realização desse interesse público. E daí podem surgir divergências, que eventualmente assumem proporções mais graves.

No quadro institucional de hoje, identifico, e tenho repetido isso com uma certa freqüência, uma certa hipertrofia do Poder Executivo, uma tendência a crescimento desmedido do Poder Executivo em detrimento dos demais Poderes. Nós sabemos que o Poder Legislativo na esfera federal e na de vários Estados está inteiramente submisso, está abdicando de sua autonomia e das suas próprias atribuições. E daí decorre um verdadeiro agigantamento do Executivo. Este crescimento do Executivo acaba por se refletir, também, no confronto com o Poder Judiciário ou na comparação da extensão do Poder. O que acontece é que temos constitucionalmente, já no próprio sistema constitucional, um Poder Executivo muito crescido em relação aos demais Poderes. Nosso regime é de um presidencialismo exacerbado, e na prática político-institucional essa predominância, essa hegemonia do Poder Executivo se faz ainda mais presente, um pouco, talvez, pela timidez dos demais Poderes em ocupar os seus espaços. Assim como acontece na natureza, no mundo físico, em política também os espaços nunca permanecem vazios. Se alguém os abandona, haverá quem os ocupe. Se o Legislativo não está exercendo por inteiro as suas atribuições, o Executivo vai invadir esse espaço que ficou à sua disposição.

Uma das preocupações que temos mantido muito viva na administração e na condução política do Poder Judiciário do Rio Grande do Sul é precisamente a de evitar que isto aconteça também em relação ao Poder Judiciário, pelo menos aqui na área que está sob minha responsabilidade, que é o Poder Judiciário Estadual do Rio Grande do Sul. Nós não concordamos, não admitimos perder espaço, porque no momento em que também o Poder Judiciário ceder e permitir que as suas atribuições sejam absorvidas por qualquer outra pessoa, entidade ou instituição, estaremos contribuindo para o fim do estado de direito.

Entrevistadora - Desembargador, agradecemos a sua atenção nesta entrevista concedida ao Programa Questão de Justiça.

Des. Fabrício - Não há o que agradecer. Eu é que agradeço esta oportunidade excelente de colocar as posições do Poder Judiciário, coisa que não é muito freqüente, esta abertura de janelas para que possamos falar e nos comunicar com a sociedade e prestar-lhe contas, como é do nosso dever. Portanto, nós é que agradecemos.

Apêndice

Apêndice A

Carta de Macapá*

O Colégio Permanente de Presidentes de Tribunais de Justiça do Brasil, reunido em Macapá, Amapá, após amplo debate das reformas constitucionais em andamento, da operação dos Juizados Especiais e dos sistemas de recrutamento da Magistratura, consciente da importância das Justiças Estaduais para preservar o primado de Constituição, o Estado de Direito e o Princípio Federativo; preocupado com a indeclinável necessidade de manter a autonomia do Poder Judiciário e dedicado, como sempre, ao aprimoramento de seu desempenho na prestação jurisdicional, manifesta uma vez mais à Nação sua inquietude e desconforto em face de propostas e iniciativas desafinadas desses princípios e objetivos, nos termos que se seguem:

1. Lamenta constatar o propósito progressivamente manifesto de reduzir a importância e a influência da função judiciária na vida institucional da Nação. O crescente agigantar-se do Poder Executivo ameaça e deprime o amplo exercício das demais atividades igualmente essenciais ao funcionamento do Estado. A concentração de poder já se vai fazendo ameaçadora à normalidade institucional e à supremacia da lei.

2. Concretamente, preocupa-se com a visível inclinação dos governantes a subordinar o sistema constitu-

---

* Texto elaborado pelo Autor por incumbência do Colégio Permanente de Presidentes de Tribunais de Justiça do Brasil e por este integral e unanimemente aprovado.

PODER JUDICIÁRIO
FLAGRANTES INSTITUCIONAIS

cional aos projetos de governo, ao invés de se ajustarem tais programas à ordem jurídica preexistente, de tal sorte que interesses momentâneos e contingentes, ainda que talvez legítimos, passam à frente dos objetivos nacionais permanentes. Essa mesma distorção de precedência estimula a insubmissão à lei e o desprestígio, até pelo Poder Público, das decisões judiciais.

3. Identifica, compreende e faz sua a grave insatisfação da magistratura, neste momento mobilizada em todo o território nacional pela busca de tratamento condigno, de respeito, de reconhecimento e de condições mínimas para o bom desempenho de sua missão constitucional. Associando-se a essa inquietação, o Colégio não busca a preservação de privilégios de classe, mas o restabelecimento das mínimas condições de atratividade da carreira. Reafirma, outrossim, seu compromisso histórico e indeclinável com a defesa da primazia do Direito, sem a qual não há ambiência para o convívio democrático, nem perspectiva para o progresso, nem garantia de liberdade.

Macapá/AP, 22 de fevereiro de 1997.

Av. Plínio Brasil Milano, 2145
Fone 341-0455 - P. Alegre - RS